新编体育管理学案例教程

叶小瑜 主　编
陈雪翠　舒青青　吕　婕　副主编

人民体育出版社

图书在版编目（CIP）数据

新编体育管理学案例教程 / 叶小瑜主编；陈雪翠，舒青青，吕婕副主编. -- 北京：人民体育出版社，2024. -- ISBN 978-7-5009-6512-1

Ⅰ．G80-05

中国国家版本馆 CIP 数据核字第 20243BT207 号

*

人 民 体 育 出 版 社 出 版 发 行
北 京 建 宏 印 刷 有 限 公 司 印 刷
新 华 书 店 经 销

*

710×1000　16开本　10.25 印张　170 千字
2024 年 11 月第 1 版　2024 年 11 月第 1 次印刷

*

ISBN 978-7-5009-6512-1

定价：52.00 元

社址：北京市东城区体育馆路 8 号（天坛公园东门）
电话：67151482（发行部）　　　邮编：100061
传真：67151483　　　　　　　　邮购：67118491
网址：www.psphpress.com

（购买本社图书，如遇有缺损页可与邮购部联系）

本书编写组

叶小瑜　陈雪翠　舒青青　吕　婕

前言
FOREWORD

近年来，我国体育产业快速发展，市场份额逐渐扩大，体育管理领域的复杂性和多样性不断增加，对专业化的体育管理人才提出了新的要求。体育管理涵盖学校体育管理、社会体育管理、运动训练管理、体育赛事管理、体育旅游管理等多个维度，数字化、智能化、网络化等新技术的不断应用为体育管理带来了前所未有的发展机遇。基于新需求、新实践，体育管理人才培养急需更为系统全面的理论指导，迫切需要能够体现体育管理最新动态的优秀教材。因此，配套刘兵教授主编的《新编体育管理学教程》（第二版），我们组织编写了《新编体育管理学案例教程》，内容上融入体育管理领域的新实践，丰富其在研究、实践和教学中的资料，为学习者深入思考提供案例素材。

本书共十一章。第一章导论对体育管理的定义、职能、内容、趋势等进行阐述，帮助读者从宏观上掌握体育管理学发展的概况。第二章探索中西方体育管理思想发展的历史沿革，以时间为轴，梳理其阶段特征和趋势，介绍了主要的体育管理思想。第三章从系统论导入体育管理系统，旨在明晰体育管理系统的结构、要素，以及体育管理系统与外部环境的关系。第四章阐述了体育行政管理的概念、目的、要求、组织体制、功能和职责、发展趋势等，作为我国体育管理的重要内容，为下文不同类别的体育管理开展奠定了理论基础。第五～第十章分别阐述了学校体育、社会体育、运动训练、体育赛事、体育产业、体育旅游六个领域的体育管理内容。第十一章论述了文化与知识背景下的体育管理发展趋势，分析了文化管理和知识管理的作用。

相较于以往的体育管理学教材，本书着重更新实践案例，各章均配以两个精选案例，注重突出体育管理学研究中的重要理论及经典阐述。这些案例来自体育管理的重要学术成果、官方新闻媒介平台报道的典型案例、学术项目的前沿报告等，既有国内外知名体育事件的深度剖析，也有新兴体育业态的生动展示。所选取的案例具有代表性和权威性，覆盖领域广阔，能帮助读者更好地理解理论、思考实践。本书还设置了思考题和资源链接，以进一步巩固学习内容。此外，引入了国内外体育管理学相关知名著作、论文文献和影视材料，便于对书本知识点内容进行延伸和拓展，提高理论学习的丰富性和趣味性，间接提升学习效果。本书系列回答了"什么是体育管理""体育管理学如何发展""体育管理包括哪些内容""怎样进行体育管理"等问题，并针对体育管理对象从不同层面提供了丰富的案例分析。

本书由南京体育学院叶小瑜教授统稿。南京体育学院陈雪翠硕士负责第二章、第三章、第五章、第六章的撰写修改工作，舒青青硕士负责第一章、第四章、第七章的撰写修改工作，吕婕硕士负责第八～第十一章的撰写修改工作。本书的编写工作还得到了南京体育学院领导和同事的支持和帮助。最后，我们期待有更多的人关注体育管理学的议题，期待未来有更多的学者和从业者加入体育管理的研究和实践，共同推进体育管理学科的发展，也期待本书能够为那些寻求对体育管理研究进行全面讨论的人提供参考和帮助。

主　编

目录

第一章 导论 … 001
案例1 以人为本——国家射击队成立运动员委员会 … 002
- 一、案例简介 … 002
- 二、案例点评 … 004
- 三、资源链接 … 004

案例2 中国女排管理模式的创新 … 005
- 一、案例简介 … 005
- 二、案例点评 … 009
- 三、资源链接 … 009

第二章 体育管理思想发展的历史沿革 … 011
案例1 古希腊教育史中的体育思想 … 012
- 一、案例简介 … 012
- 二、案例点评 … 015
- 三、资源链接 … 016

案例2 中华人民共和国成立以来关于毛泽东体育思想的研究 … 018
- 一、案例简介 … 018
- 二、案例点评 … 021

三、资源链接 …………………………………………………… 022

第三章　体育管理系统 …………………………………………… 023
案例 1　国家皮划艇队的系统化管理思路 …………………… 024
　　一、案例简介 …………………………………………………… 024
　　二、案例点评 …………………………………………………… 026
　　三、资源链接 …………………………………………………… 027
案例 2　构建体育产业创新生态系统的运行机制 …………… 029
　　一、案例简介 …………………………………………………… 029
　　二、案例点评 …………………………………………………… 032
　　三、资源链接 …………………………………………………… 033

第四章　体育行政管理 …………………………………………… 035
案例 1　我们能从芬兰体育行政管理组织体制中学到什么 … 036
　　一、案例简介 …………………………………………………… 036
　　二、案例点评 …………………………………………………… 041
　　三、资源链接 …………………………………………………… 042
案例 2　体育改革：成就、问题与突破 ……………………… 043
　　一、案例简介 …………………………………………………… 043
　　二、案例点评 …………………………………………………… 047
　　三、资源链接 …………………………………………………… 048

第五章　学校体育管理 …………………………………………… 049
案例 1　协同理论视角下我国体教融合发展的现状与路径 … 050
　　一、案例简介 …………………………………………………… 050
　　二、案例点评 …………………………………………………… 053
　　三、资源链接 …………………………………………………… 054

案例2 "双减"政策下青少年课外体育服务供给的现实困境与行动
探索 …………………………………………………………… 055
　一、案例简介 ……………………………………………………… 055
　二、案例点评 ……………………………………………………… 059
　三、资源链接 ……………………………………………………… 059

第六章　社会体育管理 …………………………………………… 061
案例1　家门口的好去处 ………………………………………… 062
　一、案例简介 ……………………………………………………… 062
　二、案例点评 ……………………………………………………… 065
　三、资源链接 ……………………………………………………… 066
案例2　从自发公益到制度公益：群众体育运行中的郁村个案 …… 068
　一、案例简介 ……………………………………………………… 068
　二、案例点评 ……………………………………………………… 074
　三、资源链接 ……………………………………………………… 075

第七章　运动训练管理 …………………………………………… 077
案例1　"近亲繁殖"：我国优势项目教练员群体的社会学研究 …… 078
　一、案例简介 ……………………………………………………… 078
　二、案例点评 ……………………………………………………… 081
　三、资源链接 ……………………………………………………… 082
案例2　东京奥运力斩七金背后——中国举重强大的奥秘 ……… 083
　一、案例简介 ……………………………………………………… 083
　二、案例点评 ……………………………………………………… 087
　三、资源链接 ……………………………………………………… 088

第八章　体育赛事管理 ······ 089

案例1　扭亏为盈，创造奥运奇迹 ······ 090
一、案例简介 ······ 090
二、案例点评 ······ 094
三、资源链接 ······ 095

案例2　如何保障NBA中国赛的产品质量 ······ 096
一、案例简介 ······ 096
二、案例点评 ······ 101
三、资源链接 ······ 102

第九章　体育产业管理 ······ 103

案例1　新阶段、新形势：我国体育产业发展战略前瞻 ······ 104
一、案例简介 ······ 104
二、案例点评 ······ 111
三、资源链接 ······ 112

案例2　运动项目产业发展管理 ······ 114
一、案例简介 ······ 114
二、案例点评 ······ 118
三、资源链接 ······ 119

第十章　体育旅游管理 ······ 121

案例1　因地制宜　展基层体旅特色 ······ 122
一、案例简介 ······ 122
二、案例点评 ······ 126
三、资源链接 ······ 126

案例2　国外体育旅游发展特点、案例及启示 ······ 128

一、案例简介 ·· 128
　　二、案例点评 ·· 134
　　三、资源链接 ·· 135

第十一章　文化与知识背景下的体育管理发展趋势 ················ 137

案例1　星光为何这般灿烂 ··· 138
　　一、案例简介 ·· 138
　　二、案例点评 ·· 141
　　三、资源链接 ·· 142

案例2　体育中的"黑科技" ··· 143
　　一、案例简介 ·· 143
　　二、案例点评 ·· 149
　　三、资源链接 ·· 150

第一章 导 论

体育管理学是研究体育管理现象及其发展规律的一门综合性管理学科。其基本任务是：用哲学的观点探讨当前社会体育管理活动的规律性，用科学的方法研究总结体育管理活动的经验，用务实的态度追踪国际体育管理发展的前沿。

体育管理学研究的体育管理规律是多方面的，概括起来主要包括体育管理系统形成与演变的规律，体育管理系统在运作过程中的规律，体育管理系统改革与发展的规律，体育管理在功能方面的规律，以及不同的体育管理领域有着不同管理基础工作的规律。

体育管理研究的内容具有广泛性的特点，其研究的内容包括国内外体育管理的历史发展，管理与体育管理的过程和性质，体育管理的基本职能，体育领域中人力、财力、物力、时间、信息的合理开发、使用和管理问题，以及体育的管理体制问题和体育产业的发展问题。因此，在体育管理工作的开展和实施过程中会涉及多方面的问题，既有社会政治、经济、文化、宗教等方面的外部环境问题，又有人力、物力、财力、时间、信息等方面的内部环境问题。在体育管理的评价上，既要依靠领导和组织评价，又要依靠社会各阶层共同评价的体系。在具体业务的开展上，既要重视普及，又要重视普及中的提高。

研究和学习体育管理学，一方面可以分析学科本身的欠缺，注意相关学科的发展，借鉴其中的有益之处；另一方面可以深入研究体育管理学已总结出的科学理论，深刻认识体育管理对有关规律的揭示，进而指导体育管理实践，避免和纠正体育管理工作中的偏差。

本章通过"以人为本——国家射击队成立运动员委员会"和"中国女排管理模式的创新"两个案例，阐述体育管理的定义、基本职能，帮助学生理解体育管理的内涵，学习并掌握体育管理的方法。

案例 ① 以人为本——国家射击队成立运动员委员会

一、案例简介

如果说召回老将,"以老带新,以新促老"的举措已经很是让人惊讶,那么成立"运动员委员会"对于国家射击队来说更是史无前例的创新之举。

"以前队里的结构是队部—教练—队员,队部说了算。现在为发扬民主,集中大家的智慧,一切以运动员的利益为中心,队部和教练员要做好为运动员服务的工作,从领导者转向服务者。"王义夫解释说,从每班里推选出一名最信任的代表组成运动员委员会,当运动员与教练沟通不畅时,把问题反映到运动员委员会,由运动员委员会担负起桥梁的职责,及时解决。"组建运动员委员会就是要倾听运动员的心声,调动起大家训练的积极性。"

2005年2月18日,经过运动员委员会成员的协商,大伙推选谭宗亮为主任,任洁为副主任。"别看我岁数大,我有年轻的心态。所以,我和年轻队员没什么代沟,他们有什么都愿意跟我说。"谭宗亮上任以来,收到不少队员反馈的建议和意见,训练方面的偏多,还有添置洗衣房的消毒用品等领导不曾想到的生活琐事。

另外,由队员民主选举出来的团支书朱启南、纪检委员李对红,也是射击队里的"新干部"。年轻队员有朝气、想法多,运动员委员会成立以来,为大伙举办的第一个活动就定在了元宵节的晚上。生日聚会由组织委员王彪、老队员王娴主持,主角为李对红、任洁等11位在2月过生日的寿星。晚上7点整,生日聚会开始,虽然只筹备了一天,但是庆祝晚会依旧精彩纷呈。活动以互相认识为目的,节目以游戏为主,伴有卡拉OK,手枪速射班的"双簧"表演更是把晚会推向了高潮。负责拍照留念的谭"主任",骄傲地告诉记者:"一些只打算来看看的教练后来都舍不得走了,说比春节晚会还好看呢!"

"那王总表演了什么节目啊?""我特别想上去跟队员一块,嗑嗑瓜子、唱唱歌,但一想到有言在先,只有被邀请,我们才能参加。毕竟我们在,他们多少会有些放不开呢。"一直在楼下徘徊的王义夫忍住了上楼去的冲动，也不忘幽默一回，"谁让我年纪大了，他们都不带我玩了"。

同样兴趣广泛、爱好丰富的王义夫，非常理解年轻队员："我们也是从年轻过来的，要多替孩子们考虑考虑。"但是有一点在王总那儿可是没有商量的余地——不准上网吧。这不仅是为了防止年轻队员沉迷网络，而且更重要的是大多数网吧人员复杂、条件简陋，安全隐患令人担忧。"家长把孩子送到队里，咱得负责。"

队员们在射击队里仿佛找到了"家"的感觉，即使是1993年就加入国家队的谭宗亮也明显感觉到了新队伍的不同之处，"给了运动员更广阔的自主空间，委员会为运动员争取了更多的权利。大家可以在一起沟通，有什么难解的问题，大家都能拿到桌面上谈，这样也开拓了我们的思维。心情好工作才能做好，才能出成绩"。

资料来源：

杨桦，池建.竞技体育实战制胜案例[M].北京：北京体育大学出版社，2006：301-302.

[知识点回溯]

体育管理学是专门研究体育管理的科学，是研究体育管理现象及其发展规律的一门综合性的管理科学。所谓体育管理，就是对围绕体育的相关活动的计划、组织、指挥、协调和控制。体育管理领域的划分最基本的可以分成体育行政管理、学校体育管理、社会体育管理、体育赛事管理、体育产业管理、比较体育管理六大类，在这些领域中的活动需要进行计划、组织、指挥、协调、控制和创新，这就是体育管理的六大职能。

——《新编体育管理学教程》第二版，作者刘兵，P22

[思考题]

1. 请概括总结我国射击队的管理特点。

2. 试分析我国射击队的管理方式对其他项目运动队的启示。

二、案例点评

我国射击运动取得的卓越成就，与其科学管理密不可分。随着我国体育事业的蓬勃发展，国家射击队形成了独具特色的管理模式——队委会制度。教练员和其他人员从领导者转向服务者，为运动员提供服务工作。这种管理制度能够以运动员为中心，提高运动员的主人翁意识，让运动员参与管理，增加团队的凝聚力和向心力，充分发挥集体的作用和智慧。通过管理和运营有限的资源，最大限度地整合有效资源，提高管理的效率和效果，满足运动员的实际需求，增强其归属感和幸福感。

体育管理是一个复杂的过程，涵盖了人力、财力、物力等多方面。想要管理好一个运动队，体育管理者不仅要处理好教练和运动员、运动员和运动员，以及运动员和其他人员之间的各种关系，而且要协调好各种生活琐事，提供训练方面的物质基础，做好计划、组织、指挥、协调和控制工作，从而有效利用体育系统中的人力、财力、物力、信息、时间等各项资源，实现管理目标。

三、资源链接

[1] 切斯特·巴纳德. 经理人员的职能 [M]. 北京：机械工业出版社，2013.

[2] 斯蒂芬·罗宾斯. 管理学 [M]. 刘刚，译. 北京：中国人民大学出版社，2017.

[3] 周三多，陈传明，刘子馨，等. 管理学——原理与方法 [M]. 7版. 上海：复旦大学出版社，2018.

第一章 导 论

📖案例② 中国女排管理模式的创新

一、案例简介

中国女排载誉归国，上千名球迷在首都机场拉着横幅、唱着国歌，迎接郎平及其队伍的归来。有的球迷甚至在机场现场作诗赞颂，女排的魅力可见一斑。在里约2016年奥运会上，中国女排时隔12年第3次夺得奥运金牌，这里面最关键的人就是郎平。毕竟，她在2013年接手中国女排的时候是临危受命。郎平在各种不利条件之下，带领中国女排走向一个又一个胜利。

总结郎平获得成功的因素，我们可以发现有一点尤为重要——作为球队的领导者，她自己把压力扛在肩头，让球员心无旁骛地专心训练与比赛。KPI是一把双刃剑，平庸的管理者只会用KPI去考核与逼迫员工，而优秀的管理者则会与下属共同努力，带领他们去完成KPI。郎平的管理理念是让人人都能比赛，给每个人创造显示潜力的机会。同时，在现有体制上进行管理创新，不论大与小，着眼点都是尽量释放每名球员的能量。

（一）用科技与管理变革重塑中国女排

作为中国女排历史上最优秀的运动员，郎平对中国体育体制的利弊有非常深刻的认识，而此后在欧美执教生涯之中，她学习了一流的现代体育训练与管理体系。所以在这一次执教中国女排的过程中，郎平融汇了中外体育管理与训练的精华，在中国女排内部掀起了一场变革。郎平获得排球运动管理中心领导给她足够空间来进行管理改革和创新的承诺，才答应再次执教中国女排。这个承诺包括对女排选人、用人的绝对话语权、搭建复合型教练团队、打造女排国家队模式，甚至是改变国内职业联赛规则等。这是与现有体制和传统模式差异极大的一整套新思路、新做法，排球运动管理中心全盘接受，并全力提供人力、财力、物力方面的支持。现在回想起来，郎平从一开始就很清楚，再造中国女排需要哪些资源，并一步步去获取这些资源。

从管理的角度来看，郎平回来后首先在权力架构、用人和奖励制度上做了100%权力的保障，和乔布斯当年回归苹果之初的做法完全相同。郎平这个"CEO"空降之后，立刻大刀阔斧地改组女排队伍，只留下惠若琪、魏秋月、曾春蕾少数几个老队员，而朱婷、袁心玥、张常宁等一批1995年前后出生的年轻队员被破格提拔。这在以前是难以想象的，因为中国体育界一向求稳，更喜欢用经验丰富的老将。对新人，郎平悉心培养，又大胆使用，使这批新秀迅速成长为国家女排的绝对主力。可以说，郎平的这次"大换血"，等于为中国女排重组了一支渴望获得成功的"创业团队"。在启用新人的同时，郎平也按照国际水平重新打造女排的复合教练组，包括各省抽调的多位技术专项教练，以及从美国聘请的专业队医、康复师、体能教练等。郎平将本土化与国际化结合，打造一支高效的、年轻化的复合型团队。复合型团队，即由主教练、领队、陪打教练、医疗康复团队负责人、医生、体能师、康复师，以及科研、数据统计等方面的专业人才组成（表1）。国际化、专业化的团队引入世界上先进的科学训练理念，对过去陈旧训练和康复理念进行了颠覆。

表1 中国女排复合型团队部分成员名单

专业人才	成员
主教练	郎平
领队	赖亚文（排球运动管理中心）
陪打教练	包壮（辽宁）、吴晓雷（成都体育学院）、袁灵犀、于飞（天津）、李童（江苏）
医疗康复团队负责人	卫雍绩（体育医院）
医生	Sherwin S. W（美国）、卫雍绩、王凯（体育医院）
体能师	Larson Garrett（美国）
康复师	Mar Chong Daniel（美国）
科研团队负责人	葛春林（北京体育大学）
数据分析师	袁灵犀（兼）

郎平作为主教练，对于平时训练中所出现的问题，通过教练团队的广开言论来群策群力，探讨出最为合适的解决方法，并且将技术特点不尽相同的

球员分配给不同的助教来带队训练,这样就会最大限度地发挥出教练团队的集体智慧和经验。郎平非常清楚,体育竞技到了如今,拼的不仅是运动员本身,拼的也是科技、医疗,甚至是 IT 技术,只有综合运用这些领域最顶尖的技术,才能帮助运动员不断实现突破。

(二) 不让金牌这个 KPI 压垮队员

绩效精神不是消除每个成员的弱点,而是让每个人都有充分的机会去追求卓越。拥有绩效精神不是说不会遭遇失败,而是每次失败之时都有正视问题的勇气。作为中国女排巅峰时期的核心队员,郎平太明白金牌的分量,更清楚国人对于中国女排的期望。虽然"唯金牌论"这些年逐渐在淡化,但从接任中国女排主教练的那一刻起,她不可能不明白,金牌仍然是考验她和女排姑娘的核心 KPI。金牌是一个远大目标,但也是一个沉重的压力。郎平不想让女排队员压力太大,所以在里约奥运会之前,她在接受记者采访时明确说,这次的目标是拿奖牌。很明显,郎平这是在给队员减压,但金牌这个 KPI 的压力,实际上就由她一个人来承受。

从管理的角度来看,KPI 考核中最容易犯的错误就是:绩效目标缺少绩效计划支持。绩效目标需要切实可行的绩效计划和资源计划支撑,否则很难保证其实现。平庸的管理者会把自己的 KPI 指标简单粗暴地分解之后,压给下属。而优秀的领导者,则会率领并帮助下属完成他们各自的 KPI,这样自己 KPI 目标的达成自然就水到渠成。郎平的聪明之处就在于,没有单纯地将夺金这个 KPI 压力传递给队员,反而让她们放下包袱轻装上阵。但郎平并不是没有 KPI 考核,她的 KPI 考核其实非常严格,只不过她考核的是队员的技术功底和拼搏的勇气。

细节抠得比较严,是徐云丽师从郎平的一大感受。此前国内年轻选手的基本功不够扎实已经成为通病,这是原本需要在基层体校解决的问题,却一直带到了国家队。郎平率领整个教练组,实际上是围绕排球技术动作和战术,对队员进行了完善的训练和考核,将一些严格的技术指标作为 KPI,来考核队员,帮助她们不断提高。举国体制下,对运动员一直是半军事化管理,个性施展的空间很小。而郎平则以队员为主体,管理理念"宽严适度、严中有爱",注重人文关怀,尊重运动员的个性价值,使团队管理更具人性化。在场下，她对队员体贴入微，鼓励年轻的队员有自己的个性，也会自己掏钱给队员买蛋白粉，包春节红包。郎平也很善于激励，帮团队的成员保持活力，尤其是在打大仗的时候，在关键时刻她能够让自己的团队成员顶住压力。郎平说，她会跟队员摆明一个道理：体育的本质讲的就是这样一种向极限挑战的精神，观众来看我们打球，除了看输赢，更想看到一种要球不要命的状态，看得振奋，看得来劲，获得鼓舞。但这种输球不输人的精神，要靠平时每一天的训练，平时怎么样，比赛就是什么样，这是基本功，是物质基础啊，不是过年吃饺子，可以蒙人家一回。

扛得住上面的压力，又善于激励团队成员，郎平身上体现的正是一个优秀领导者的必备素质。在当下这个时代，不仅要学习女排精神，而且要学习郎平身上体现出来的卓越管理素质。

资料来源：

[1] 魏梅. 向郎平学领导力 [J]. 决策，2016 (10)：76-78.

[2] 彭信之. 向空降兵郎平学习带队伍 [J]. 人力资源，2021 (19)：78-81.

[3] 郎平再造中国女排，离不开这些管理创新 [EB/OL]. (2016-08-24) [2024-01-09]. https://mp.weixin.qq.com/s/rBOBkt8GnVP6CYY6CBOrRQ.

[知识点回溯]

如果说对体育管理原理的理解为体育管理工作提供了一个明确的航标的话，体育管理方法就是推动航船朝着航标行进的助动器，而体育管理的职能就是在行进过程中如何走好每一步的具体步骤。在体育管理职能的应用过程中，我们要正确地决策，精密地计划、合理地组织、精确地控制、英明地领导和卓越地创新。只有这样，体育管理工作的水平才会不断提高，一个国家的体育管理工作才能达到较高的水准。

——《新编体育管理学教程》第二版，作者刘兵，P25

[思考题]

1. 根据体育管理学知识，郎平从哪几个方面对女排管理进行了创新？

2. 试分析郎平对女排管理创新的案例中值得其他运动队借鉴的经验。

二、案例点评

中国女排不仅是国内体育史上的一次辉煌之旅，更是我国体育管理上的创新过程。中国女排的成功离不开历任管理者的传承和突破。

美国学者斯蒂芬·罗宾斯指出，管理者是指挥别人活动的人。从明茨伯格的管理角色来看，管理者被期待及表现出来的特定行为包括人际关系角色、信息传递角色和决策制定角色。郎平作为中国女排的管理者和领导者，在不同的组织中承担着不同的角色。面对中国体育体制改革，她是一个信息传递者，她将欧美的执教管理经验带回了中国，为中国体育管理体制创新提供了新鲜血液，改变了国内职业联赛规则等。面对国家女排队管理，她是一个决策制定者，对女排选人、用人、搭建教练团队、制订训练计划等有绝对话语权。面对运动员管理，她承担着人际关系角色，在训练场上，她是一个严格的教练，严格要求训练中的各个细节；而在生活中，她如同球员的母亲一般，悉心爱护、关心、鼓励队员。

郎平身上体现了一个优秀领导者必备的素质，既拥有专业能力和专业素养，又掌握了各种管理方法。运用德鲁克目标管理理论分析，郎平没有简单粗暴地将运动成绩作为队员的 KPI 考核，而是更重视其技术功底和拼搏勇气。围绕排球技术动作和战术设定目标，既能帮助队员提高自身的技术，又能减轻队员的成绩压力，在日积月累增强技术动作的过程中，达到提高运动成绩的效果。其目标管理不是层层地分解和摊派指标，而是上下协商，将组织目标与个人利益能力更密切地结合在一起，最大限度地激发被管理者实现目标的主动性和积极性，使其提高对自身工作的成就感和满足感。

此外，郎平致力于用科技的力量重塑中国女排，依靠科学训练、技术分析，达到效率最大化。案例中，女排团队综合运用了科技、医疗和 IT 领域最顶尖的技术，不断提高运动队管理效率，助力女排运动成绩的提高。这启示中国体育管理的研究也应当顺应时代的发展，将科学技术与体育管理有效结合。

三、资源链接

[1] 刘兵. 从"郎平现象"看体育强国建设对教练员的要求 [J]. 中国

体育教练员, 2015, 23 (1)：3-4, 11.

［2］景素奇. 郎平夺冠给 CEO 们的启示 ［J］. 中外管理, 2016（10）：119-121, 118.

［3］孙汉超. 浅谈体育管理学 ［J］. 体育科学, 1985（3）：78-81, 85.

［4］朱家新. 体育管理学研究回顾与展望 ［J］. 西安体育学院学报, 2006（2）：40-43.

［5］高雪峰, 刘青. 体育管理学 ［M］. 北京：人民体育出版社, 2009.

［6］国家体育总局. 关于进一步加强体育项目管理制度建设工作的通知 ［EB/OL］.（2022-03-24）［2023-12-25］. https：//www. sport. gov. cn/gdnps/html/zhengce/content. jsp? id=26840328.

［7］国家体育总局办公厅. 高志丹局长在 2023 年全国体育局长会议上的讲话 ［EB/OL］.（2023-04-06）［2024-01-19］. https：//www. sport. gov. cn/n315/n20067006/c25051762/content. html.

[电影推荐]

夺　冠

以郎平为视角, 讲述中国女排历时数十年, 历经浮沉却始终不屈不挠、不断拼搏, 并最终夺取冠军的传奇经历。该影片主要分为三个阶段叙事：第一阶段是郎平作为女排运动员, 刻苦训练成长的故事, 她作为主力队员从获得 1981 年第 3 届世界杯冠军开始, 创造了五连冠的辉煌成绩, 让大江南北的民众为之振奋。第二阶段是中国女排的低迷期, 北京 2008 年奥运会中国女排主场失利, 而郎平作为美国的女排教练, 带领美国女排拿到了银牌。第三阶段是郎平回国担任总教练, 对中国女排进行了一系列改革。

第二章
体育管理思想发展的历史沿革

　　运用历史法、实证法、现实法和回溯法，探索体育管理思想的历史沿革。西方管理思想经历了科学管理发展期、行为科学管理发展期、系统科学发展期和文化知识管理发展期。中国管理思想的发展经历了古代农业文明管理思想发展期、现代计划经济基础上的集权管理思想发展期，以及建立在社会主义市场经济基础上的集权与分权管理思想的发展期。

　　体育管理思想是在管理思想的演进中不断演化而来的。西方体育管理思想起源于希腊时期倡导"体育如何为保家卫国提供服务"；近代时期大致经历了提倡"灵肉一致"的观点、复兴古希腊体育思想、宗教改革和启蒙运动中的体育思想及近代奥林匹克运动的复兴四个阶段；到了现代经历了对 sport 重新定义、对 sport management 和 sport administration 的区分及建立体育管理大学教育三个阶段。我国体育管理思想萌芽于近现代时期，如毛泽东的《体育之研究》和五四运动时期逐渐产生先进的体育管理思想；国民党统治时期出现了学校体育、体育管理、体育管理体制，体育法规开始颁布与实施；中华人民共和国成立后，党和政府对体育管理工作高度重视，使体育法规日趋健全和完善，体育内容形式多样化，迫切要求提高体育管理水平。

　　回顾历史，展望未来。我国体育管理思想呈现以下五个趋势。体育行政体制改革，由原来行政官员管理向体育专家管理转变；从体育的经验管理向体育的科学化、现代化转变；体育管理体制从单一化向多元化转变；从忽视体育对人的发展向以人为中心开展体育工作的思想转变；从粗放型的体育管理工作向集约型的体育管理工作转变。

　　本章的"古希腊教育史中的体育思想"案例主要阐释了古希腊体育存在的形式和体育思想的内涵。"中华人民共和国成立以来关于毛泽东体育思想的研究"案例，系统梳理了我国近代以毛泽东体育思想为主的学术研究概况。通过两个案例的学习，学生能够掌握中西方体育思想的演变历程，以及体育思想对体育管理发展形成的影响，从历史经验中获得对体育管理工作的当代启示。

案例 ① 古希腊教育史中的体育思想

一、案例简介

从古至今，对于教育的认识和探讨都凝结成为对于真、善、美的考察，是生命延续的需要和对未知世界的理解。苏格拉底运用"精神助产术"的方式推动着人类的美德前行；柏拉图也在《理想国》中描绘出一个城邦教育的理想模式；亚里士多德在《尼各马可伦理学》中寻找德性的力量，教育成为自我实现的必要途径。在希腊的古风时期，体育并非是国民教育，而是精英教育或公民教育，是获取荣誉和声望的方式，是衡量人美德标准的价值尺度。这一时期，教育的内容不是文字教育，而是体育、音乐和舞蹈，尤其重视体育的实用性，认为体育有助于培养勇敢的精神。城邦公共生活的空间时常被体育所取代，练身场、竞技场成为公民教育的课堂，竞技赛会成为公民教育的重要形式。

（一）希腊的教育：体育存在的形式

1. 斯巴达的教育制度

为了防止被统治者反抗、维护社会秩序，人口居于劣势的斯巴达人实行彻底的全民皆兵制度，整个斯巴达城如同一座大军营。每个斯巴达人从生下来开始，就属于国家所有，按严格的国家标准加以选择与培养。男孩7岁离开家庭，被送到公共教育机构，分成小组并在青年指导员的指导下过集体生活。斯巴达人满18岁时举行成年礼，在月神祭坛前接受鞭打，通过考验的方可进入士官团接受正规军训。军训的内容包括使用兵器、五项运动和被称为斯巴达体操的拳击练习，同时还要通过对奴隶居住的村落发动袭击来进行实战演习。斯巴达青年20岁时经过宣誓效忠国家，成为正式军人；30岁获得公民权，可以结婚，但仍需继续住在军营服兵役，一直到60岁。60岁以后，如果发生战争，仍需参战。

斯巴达人认为，只有强健的母亲，才能养育出英勇的战士。男子出征时，女子也负有保卫家园的职责。因此，斯巴达女孩虽住在家里，20岁前也要编班在专门的训练场参加各种体能和技能的训练，其内容和男孩大致相同，如五项运动、游泳、骑马、爬山、舞蹈、球类活动等。

2. 雅典的学校教育

与斯巴达不同，雅典教育的目标是培养身心和谐发展的公民。其教育手段包括文化教育与体育教育两部分。其中，文化教育包括哲学、历史、文学、艺术和音乐；体育教育包括军事技艺的训练和身体的健美训练。

雅典教育制度是家庭、社会和国家的结合型。新生儿由父母决定取舍，并可根据孩子的特点安排相应的教育。7岁前，儿童在家中接受教育，聆听神话史诗和英雄传说，识字，进行掷秋千、跷跷板、陀螺、捉迷藏、玩球等各种游戏。7～14岁的男孩由教仆陪伴去私立的音乐学校和体操学校学习。这些学校有运动场、淋浴场和附属的体育设施，男孩在体育教师的指导下进行各种运动和游戏，12岁时开始进行斯巴达式的五项运动和拳斗、游泳等较正规的体育训练。14～18岁的雅典少年进入国家体操学校，接受严格的体育训练，同时和成年人一道参加各种社会和文化活动，学习哲学、文学、艺术、音乐等。18岁时成为正式公民并宣誓入伍，在军队中接受两年严格的军事训练，其后可离开军队去从事自己所喜爱的职业。

雅典妇女的权利受到限制，只是在音乐学校接受一些与舞蹈有关的身体训练。她们不能和男子一起参加社会活动，主要在家从事家务劳动。

雅典以培养身心全面发展为目标的教育思想和教育制度是人类文化的优秀遗产，在世界教育史和体育史上具有重要意义，对近代欧洲以至世界教育思想和体育理论产生了重要影响。

(二) 希腊的体育：体育思想的内涵

1. 体育即生活习惯

在希腊，体育真正进入教育体系，成为社会必须遵守的传统美德，继承和发扬体育成为希腊的文化标志。他们不仅把体育当成是生活的本身，同时把体育纳入庆典活动，并将体育作为理想来实现。由于古希腊人欣赏身体强健的美丽,并将完美的肉身认为是神灵的喜好,所以体育被看成是通神的仪式。于是,人的肉体与神的精神交汇在竞技场中,体育神性被提及,而广泛的参与群体又使体育世俗化,浓厚的节日气氛让人们感受到体育带来的快乐分享。

2. 体育即思想认同

教育是一种文明的理想,将美德、习俗和文化进行传承,以获得在时间上的延续和空间上的占有。参与体育是莫大的光荣,而能够夺取体育赛会的冠军则是无上的荣耀。夺得桂冠成为竞赛的口号,生命的竞争在竞技场中成为值得尝试的勇敢行为。体育的教育价值被确认,因为观看竞赛不仅是接受人生教育、道德教育,而且是培养城邦荣誉观、自信心和责任感的教育实践课堂。

3. 体育即文化传承

在地域的分布中,希腊的历史从来就是分散凌乱的小家邦国。在这样散乱分裂的状态中,泛神文化的希腊没有统一的理由,实现希腊民族的同一性需要寻找精神的一致性。这种维系希腊民族精神的纽带,无法在信仰、语言、观念和法律中获取,唯一剩留风俗,一种身体文化的"体育"被赋予了历史使命。体育渗透希腊生活的各个角落,从祭祀、战争、休闲、教育和交往,体育铭刻着希腊文化的同一性,一种文化的基础被建立起来。

4. 体育即民族精神

体育是希腊精神的代名词,它反映在行为和观念之中,是融入生活的平凡内容。黑格尔谈道:"希腊人的精神就在生活里,精神就是生活的实现。"这种精神是生活实在的观念反映,为了获得良好的身体状态,希腊人自然选择了体育。体育映射出希腊精神,透过城邦生活的实际需求,体育存在于希腊人的内心深处。由此,在体育实践中,希腊人开始思考人生、人性和人的存在,体育引导出对于理性精神的理想探察。

资料来源:

[1] 王彩平,刘欣然. 古希腊教育史中的体育思想 [J]. 沈阳体育学院学报,2015,34(6):41-47.

[2] 郝勤. 体育史 [M]. 北京:人民体育出版社,2006:26-29.

第二章　体育管理思想发展的历史沿革

[知识点回溯]

苏格拉底认为，力量与肉体的美只有通过身体锻炼才能得到，每个人都应当努力达到不逊色于奥林匹克职业竞技者的水平。柏拉图认为，理想的教育是用体育锻炼身体，用音乐陶冶心灵。亚里士多德认为，智力的健全依赖于身体的健全，肉体是灵魂活动的必要条件。体育应先于智育，服从德育。

——《新编体育管理学教程》第二版，作者刘兵，P50～52

[思考题]

1. 简述斯巴达的教育制度和雅典的教育制度中体育的作用和地位。
2. 结合案例，概述希腊时期体育思想的内涵。
3. 古希腊教育史中的体育思想对当代有何启示？

二、案例点评

古希腊是西方体育起源与发展的"摇篮"。古希腊的体育文化为现代体育的科学发展奠定了基础，是留给现代的一笔神圣遗产。古希腊教育史中，体育占据了重要的位置，是希腊教育内容的重要组成部分，其教育史中的体育思想也为现代学校体育管理的发展带来了深远的影响。

从古希腊的教育史中，剖析体育思想的萌芽与存在形式，有助于我们透过教育文明的历史窗口，挖掘体育的思想内涵和价值意蕴。从希腊开始出现社会文明起，教育的意义就在于培养出能够参与城邦事务的完善公民，而正如柏拉图在《理想国》中提及的："理想的教育是用体育锻炼身体。"希腊教育也意识到这点，故通过体育来塑造强健体魄的公民。古希腊的斯巴达和雅典是希腊教育史的典型代表。虽然由于两个城邦的政治制度、教育体系、生活方式、文化观念等多因素的差异，出现了将体育视为"培养强健身体的军事战士的手段"和"培养身心全面发展的公民的途径"两种不同观点，但是均突出希腊教育制度中对体育的高度重视，都十分重视体育课程和体育训练。

以史为鉴，从古希腊的体育思想中去剖析当时社会背景下的体育管理活动，可以从中获得对现代体育管理的启示。一是要转变"重智轻体"的理念，充分认识到体育的价值，重视学校体育及其管理的重要地位。正如亚里士多德提倡的"三重教育"理念，我们应该高度重视体育的作用，将体育与德育、智育提升到同等的地位，尤其是强化学校体育相关工作的计划、组织、领导、控制等重要环节，充分发挥学校体育的育人作用。二是要重视儿童体育，要树立体育锻炼从小抓起的意识，养成终身体育锻炼的习惯。三是学校体育的组织机构、管理层级等应各司其职、恪尽职守、相互协调。在教育行政部门的领导下，包括各级各类的体育局、体校、教研组、体育教师等在内的相关组织机构和人员应积极配合，目标一致地开展学校体育活动。

三、资源链接

[1] 陈继华. 管理思想史：西方管理思想溯源及其历史演进 [M]. 北京：企业管理出版社，2020.

[2] 姜杰，等. 西方管理思想史 [M]. 2版. 北京：北京大学出版社，2011.

[3] 郭咸纲. 西方管理思想史 [M]. 3版. 北京：经济管理出版社，2004.

[4] 高晓光. 体育管理 [M]. 北京：经济科学出版社，2015.

[5] 苏勇. 当代西方管理学流派 [M]. 上海：复旦大学出版社，2007.

[6] 许芳，郑重，秦峰. 东西方管理思想史 [M]. 北京：清华大学出版社，2018.

[7] 王惠敏，周杨雪，王道杰. 健康与美德：苏格拉底体育价值思想与现实启示 [J]. 成都体育学院学报，2020，46（3）：52-57.

[8] 饶林峰，吴礼剑. 亚里士多德体育思想及当代启示 [J]. 体育文化导刊，2018（9）：143-148.

[9] 夏江涛，周爱光. 卢梭体育思想理论渊源探究 [J]. 广州体育学院学报，2017，37（5）：59-62，70.

[10] 邓伲姣，王华倬. 古希腊到欧洲中世纪体育教育思想的历史演进与启示 [J]. 体育学刊，2020，27（1）：7-14.

［11］李牧．古希腊斯巴达体育思想研究［J］．体育学刊，2013，20（3）：121-124．

［12］塞莫斯·古里奥尼斯．原生态的奥林匹克运动［M］．沈健，译．上海：上海人民出版社，2008．

案例 ② 中华人民共和国成立以来关于毛泽东体育思想的研究

一、案例简介

中华人民共和国成立 70 多年来，我国体育事业取得的重大成就得益于现代中国体育思想体系的创立。作为现代中国体育思想体系的重要内容，毛泽东体育思想一直发挥着不可替代的指导作用，已经成为现当代中国体育史，尤其是中国体育思想史的一个重要论题。

(一) 关于毛泽东体育思想研究的基本内容

1. 关于《体育之研究》的研究

毛泽东体育思想中的《体育之研究》是一篇重要文献。自其 1917 年 4 月发表以来，体育界和理论界对该文进行了广泛深入的研究，取得了可喜的成就。从研究成果的基本取向看，学界已从不同视角、不同层面对《体育之研究》一文展开了讨论，揭示了其丰富的文化内涵和深刻的时代价值，以及其中观点和文字传递出的动员性力量与批判性价值。从研究成果的时间特征看，研究者的知识结构及对所处时空背景认知的差异，为深度挖掘和重新审视《体育之研究》的时代价值与学术地位，提供了不可或缺的条件。迄今，学界给予《体育之研究》的关注和热情，并未受到已有研究内容及成果数量的影响，反而是产生了不少基于新视角的成果。

2. 关于毛泽东体育题词的研究

中华人民共和国成立后，百废待兴的基本国情和迫在眉睫的国民健康问题，为体育事业的发展提供了内在需求和根本动力。毛泽东较为重视体育，并针对性地做了重要题词和批示。这些具有动员性和感召力的体育口号，成为时人和后人阐释和梳理毛泽东体育思想的重要依据和素材。其中，学界着墨最多且影响最为广泛的是"发展体育运动，增强人民体质""友谊第一，比赛第二"和"健康第一"。

3. 关于毛泽东思想的整体性研究

《体育之研究》和毛泽东做出的重要体育题词和批示,构成了毛泽东体育思想的基本范畴和主要内容。整体上,各界研究毛泽东体育思想的视角日益多样,成果数量颇丰。尤其是不同学科背景和知识结构的作者群体的加入,极大地提升了毛泽东体育思想研究的系统化水平。

关于毛泽东体育思想的价值和地位,研究者给予了充分肯定。对于毛泽东体育思想的形成虽存在不同层面的诠释,但是已基本形成共识,即毛泽东体育思想是受到西方哲学和体育思想、中国传统体育文化思想及近代有识之士体育思想等多方面的熏陶,以及其个人的独特经验等因素综合作用的产物。关于毛泽东体育思想发展阶段的研究,最具代表性的观点主要有两种:一种认为毛泽东体育思想是从《体育之研究》的发表到"乒乓外交"为止的一段时期,《体育之研究》诠释了毛泽东在"西学东渐"影响下确立的早期体育思想;"发展体育运动,增强人民体质"反映了毛泽东的"群众体育第一"思想;而"乒乓外交"则展示了其"体育为无产阶级政治服务"思想。另一种指出,毛泽东体育思想可以划分为形成期(1917—1952年)、发展期(1952—1966年)和畸变期(1966—1976年)三个阶段。若从思想发展的阶段性特征及其内在联系看,前者比后者更为明确和合理。

(二)关于毛泽东体育思想研究的思考与启示

1. 毛泽东体育思想研究持续保持热度,产生了较为丰富的研究成果

毛泽东体育思想研究具有内容选择上的广延性、数量增长上的持续性。具体而言,始于20世纪50年代初毛泽东关于体育的重要批示和题词,以"健康第一""发展体育运动,增强人民体质""身体好、学习好、工作好"为代表。20世纪60年代,随着全国范围掀起学习毛泽东思想和著作的高潮,毛泽东的体育主张和批示越出体育的范畴,逐渐成为各界需要学习的内容,致使其呈现出泛革命化和口号化的鲜明特征。进入20世纪70年代,全国学习毛泽东思想的热潮依旧,体育界以宣传和解读"友谊第一,比赛第二""活学活用毛泽东思想"为代表。20世纪80年代,社会环境和舆论氛围渐开,体育界开始重新诠释和解读毛泽东的体育思想,《体育之研究》和"发展体育运动,增强人民体质"仍是焦点。至20世纪90年代,尤其是以1993年毛泽东诞辰100周年为契机和起点,研究成果骤然增加,视野不断开阔,内容逐渐丰富,促使毛泽东体育思想体系的初步形成。进入21世纪以来,研究的系统性和全面性更加鲜明,尤其以学位论文为形式的研究成果集中涌现,标志着毛泽东体育思想研究又上升到一个新高度。

2.《体育之研究》的思想史意义重于其学术史价值

《体育之研究》的形成具有鲜明的时代性,是在新旧文化冲突、强国强种的历史背景和社会需要下孕育而生的。《体育之研究》的思想史意义超过学术史价值,其中内含的诸多观点,蕴藏着较大的动员力量,在某种程度上已成为一种体育思想资源和分析工具。在理论和实践层面,《体育之研究》之所以被赋予如此重要的价值和意义,不仅说明毛泽东及其体育思想在各界具有的深厚基础,也折射出中华人民共和国成立后体育发展资源受限的实情。

3. 毛泽东体育思想与毛泽东体育思想研究的边界尚需厘清

经过几十年的讨论与积累,学界对毛泽东体育思想的认识和研究,已从零散的单方面分析转向综合的系统化阐释。毛泽东体育思想的理论价值和实践意义,通过学界的持续关注得以强化,逐渐成为一种抽象化符号,被广泛言说和使用。然而,大多数研究者对毛泽东体育思想的内涵未能进行区分,或者说是将"毛泽东的体育思想"与"毛泽东体育思想"等同使用。毛泽东体育思想的研究者们应该对其给予应有的关注,避免将应然与实然的研究相混淆。实践性取向影响了研究者对研究对象的客观认识。借鉴学界关于毛泽东的思想与毛泽东思想的认识,毛泽东的体育思想是指个人性的,而毛泽东体育思想是基于毛泽东的体育思想基础上群体性的。

资料来源:

李凤梅. 中华人民共和国成立以来关于毛泽东体育思想的研究[J]. 北京体育大学学报, 2021, 44 (12): 185-196.

[知识点回溯]

毛泽东的体育思想中关于体育的地位,提出"体育一道,配德育与智育，而德智皆寄于体，无体是无智德也""体育于吾人实占第一之位置"；关于体育的作用功效，提出"勤体育则强筋骨，强筋骨则体质可变，弱可转强，身心可以并完。""筋骨者，吾人之身；知识、感情、意志者，吾人之心。身心皆适，是谓俱泰。"

——《新编体育管理学教程》第二版，作者刘兵，P57

[思考题]

1. 简述毛泽东体育思想形成与发展的时代背景。
2. 以《体育之研究》为例，谈谈毛泽东体育思想的主要观点。

二、案例点评

体育作为一个庞大的系统，是由体育制度、体育文化、体育运动、体育思想和体育管理等多个要素组成的。其中，体育思想是指人们对体育的总体看法，并以观念的形式表现出来，会对体育管理产生重要的影响。

毛泽东是近代体育思想与管理发展的杰出代表人物之一。关于毛泽东思想的研究，国内研究者主要以毛泽东于1917年4月1日在《新青年》杂志上发表的《体育之研究》及"发展体育运动，增强人民体质"体育题词和批示为研究核心点。以《体育之研究》为例，该论文阐述了体育的重要性，是我国近代史上的一份体育文化珍宝。文中提及的"体育一道，配德育与智育，而德智皆寄于体，无体是无智德也""中学及中学以上宜三育并重，身体之发育尚未完成，乃今培之者少而倾之者多，发育不将有中止之势乎？""文明其精神，野蛮其体魄"等关于体育基本理论问题与体育实践行为的论述，至今仍然能够引起后人的深层思考与启示，对于规范我国体育事业的发展方向仍具有重要引导作用。

《体育之研究》是中国近代最早系统研究和阐述体育的重要文章之一，对体育的概念、目的、作用，在教育中的地位，体育锻炼的原则、方法等进行了较全面的论述。文中针对当时学校教育和体育存在的弊端进行了分析，提出了尖锐的批判并阐述了体育在教育中的重要意义和价值。体育的作用，在于强筋骨、增知识、强意志，使人"身心并完"，也就是培养全面发展的人。

因此，体育管理者应该加强体育的传播，积极宣传体育促进人的全面发展的作用，尤其是要强化对学校体育的建设与管理，完善学校体育法规，明确体育发展目标，注重学生的全面发展，加强师资队伍建设，夯实体育教学工作及对课外体育活动人力、物力、财力的管理，积极为学生提供一个良好的体育锻炼和学习环境。

三、资源链接

[1] 崔乐泉，杨向东. 中国体育思想史近代卷 [M]. 北京：首都师范大学出版社，2008.

[2] 何叙. 中国近代体育思想的传承与演变 [M]. 北京：人民体育出版社，2013.

[3] 刘为坤，律海涛，鲁梦梦. 近代中国知识分子体育思想演进的文化阐释 [J]. 山东体育学院学报，2022，38（1）：1-7.

[4] 李兆旭. 清末民初（1895—1920）我国"体育"概念形成与演变过程探究——以毛泽东《体育之研究》为中心 [J]. 北京体育大学学报，2021，44（10）：129-139.

[5] 崔乐泉，袁瑞. 改革开放以来中国特色体育思想变迁论析 [J]. 西安体育学院学报，2021，38（2）：159-165.

[6] 张晓义，王晓微. 基于体育学科建设的"中国体育管理思想史"研究引论 [J]. 北京体育大学学报，2017，40（7）：7-11.

[7] 姚绪忠，秦正为. 毛泽东体育思想形成的理论来源 [J]. 体育文化导刊，2013（5）：132-135.

[8] 蔡玉燕. 实用理性：近代中国体育思想演变的文化动因 [J]. 广州体育学院学报，2024，44（1）：110-119.

[9] 刘欣然，张宇强. 新中国学校体育思想史的认知向度、流变历程与价值意涵 [J]. 首都体育学院学报，2022，34（5）：491-500.

第三章

体育管理系统

系统的定义复杂多样，一般系统是指由若干要素以一定结构形式联结构成的具有某种功能的有机整体，具有整体性、关联性、复杂性、结构等级性、目的性、动态平衡性、有序性和环境适应性八个基本特征。系统思想源远流长，20世纪逐渐出现科学的系统论。系统论是研究客观现实系统共同的特征本质、原理和规律的科学。其系统思想主要通过整体性原理、有序性原理和动态相关性原理这三大基本原理体现。

系统论广泛渗透于各个领域，在体育管理学领域应用深刻，逐渐延伸出体育管理系统概念。体育管理系统是指由管理主体、管理客体、管理手段等要素以一定的结构形式联结构成的为实现体育事业或体育工作目标，不断提高工作效率的有机整体。体育管理系统主要由主体、客体与管理手段构成，其中主体通常包括管理者和管理机构；客体是管理对象，包括人力、财力、物力、时间、信息；管理手段是主体、客体的有机结合，包括管理法规、管理信息和管理工具等。现阶段，我国的体育管理组织系统由政府体育管理系统和非政府体育管理系统构成。

体育管理系统与政治、经济、文化等外环境存在相关性。一方面，环境的改变会引起体育管理系统的变化，从而影响系统内部各要素、各部分、各子系统的相互关系和功能变化，继而影响体育管理系统整体功能改变；另一方面，体育管理系统的改变会引起环境的改变，系统要适时地调整，使之适应环境变化。同时，体育管理系统还与内部各要素存在对立统一的关系。即系统中各要素是不可分割的，它们既相互独立又有普遍联系，共同构成体育管理系统。因此，我们要用系统的眼光动态地看待体育管理系统与环境之间、各子系统之间，以及内部各要素之间的关系。

本章通过"国家皮划艇队的系统化管理思路"案例，论述了系统论思想在运动队管理中的实际应用。通过"构建体育产业创新生态系统的运行机制"案例，阐述了体育管理系统内部各要素之间的相互联系。通过本章学习，学生能加深对运用系统论思维解决实际体育管理问题的理解，引起对体育管理系统进行全面规划、组织、领导、控制和管理的思考。

案例 ① 国家皮划艇队的系统化管理思路

一、案例简介

为了摆脱我国皮划艇运动长期落后的局面，必须建立针对性强且行之有效的科学管理系统。在充分调动全国皮划艇界的智慧和力量的基础上，国家皮划队坚持和完善处队合一的管理模式和领队负责制的国家队管理模式，突出"一个核心"、建立"两个机制"、实现"三个保证"、强化"四个狠抓"。

突出"一个核心"，就是在训练、管理过程中，确定"以人为本"为核心的指导思想。国家队训练管理工作要以人为本，要开展深入细致的思想政治工作和科学教育工作。要针对年轻人的心理特点和社会主义市场经济对运动员的影响，用现代科学的理论武装人，用敢于胜利的精神鼓舞人，用艰苦奋斗的作风教育人，用先进的榜样力量激励人，增强国家队的无形战斗力。激励运动员的训练动机，教育运动员为实现我国皮划艇奥运会金牌突破的目标和个人的人生价值而不懈奋斗。不仅通过科学、合理的训练安排有效提高运动员的竞技能力和运动成绩，而且也要突出科学、教育功能，使运动员树立远大理想，提高训练的自主意识和主观能动性，不断完善自我、提高自身素质，使为国争光内化为运动员的行为意志。

建立"两个机制"，即竞争机制和激励机制。国家队通过引入竞争机制，可以有效提高教练员和运动员的紧迫感和危机感，从而提高训练质量。竞争是运动队训练管理工作中重要的有力手段和主要手段，但它不是全部，不是目的。在训练管理工作中，还要引入激励机制作为补充，要激发动机来丰富和补充竞争机制，只有这样才可以有效提高教练员和运动员的训练积极性和自主性，使其想问题、寻办法、促提高，为中国皮划艇运动训练的发展营造良好的管理氛围。

实现"三个保证"，即政治思想工作的保证、科教兴体的保证和后勤服务的保证。其一，强大的政治思想工作是我国竞技体育发展和腾飞的基础，中国皮划艇运动的腾飞必须以强大而扎实的政治思想工作作为保证。通过细致入微的政治思想工作，全队统一思想，形成团队意识，增强教练员的责任感和运动员的训练积极性。其二，现代竞技体育的竞争在很大程度上是科学技术的竞争，中国皮划艇运动要想突破，必须依托科技介入，以先进的科学技术为支撑，有目的地解决长期困扰我国皮划艇发展的重大理论和实践问题。依靠科技进步，实现我国皮划艇运动的腾飞。其三，为了提高训练质量和效益，必须加强后勤服务的保证职能，一切以训练为中心，想训练所想、急训练所急，确保训练器材、场地、食宿等服务满足训练需要。

强化"四个狠抓"，即狠抓训练作风，坚决贯彻"两严"和"三从一大"训练方针；狠抓运动员专项素质训练，确保专项有氧能力和力量速度素质的突破；狠抓单人艇长划训练，提高运动员"有效训练"水平；狠抓技术训练，提高每一桨划船效率，完善整体配合。训练作风是运动队能否形成优良传统和凝聚力的关键，因此必须通过严格管理形成良好队风，通过严明的纪律规范约束运动员的行为。在训练过程中必须坚决执行和贯彻"两严"方针和"三从一大"训练原则，以饱满的精神和坚强的决心完成既定的训练任务。针对我国皮划艇运动员体能差、专项运动素质结构不合理和力量速度耐力的整体功能薄弱的现状，必须加大陆上跑步和力量素质的训练，增加游泳训练作为皮划艇专项训练的补充。针对我国皮划艇运动长期重视无氧、忽视有氧训练和长期忽视单人艇训练而引发的恶果，本着"矫枉不妨过正"的原则，坚决强化以有氧能力发展为核心的训练指导思想，通过科学的单人艇长划训练，不断提高有氧训练的质量。皮划艇运动是一项技术性非常强的体能性竞赛项目，划桨技术是运动员专项体能表现的桥梁，而强大的体能必须通过划桨技术来表现，尤其在多人艇上更为重要。所以，在任何阶段的训练中，运动员都必须狠抓划桨技术，这一点尤其在耐力训练的疲劳时、在速度训练的激烈对抗中更为重要。

"一个核心""两个机制""三个保证""四个狠抓"是密切联系而又相辅相成的内在统一的系统。"一个核心"是中国皮划艇训练的最终目标和归宿，"两个机制"是中国皮划艇运动实现腾飞的内在动力，"三个保证"是中国皮划艇运动实现突破的基础条件和前提，"四个狠抓"是中国皮划艇运动走出低谷、实现振兴的操作手段。

在全面总结多年来我国皮划艇发展经验教训的基础上，在正确认识皮划艇项目特点、特征和规律的前提下，在完善具有中国特色的皮划艇训练、竞赛体系的过程中，通过科学决策和管理，做好"一个核心""两个机制""三个保证""四个狠抓"工作，皮划艇运动一定会实现更大的突破。

资料来源：

杨桦，池建. 竞技体育实战制胜案例 [M]. 北京：北京体育大学出版社，2006：304-306.

[知识点回溯]

我们要用系统论的思想方法，把所研究和处理的管理对象，看作一个系统，分析该系统的机构和功能，研究管理系统中要素与要素、要素与系统、系统与环境三者的相互关系和变动的规律性，并以优化系统的观点看问题。通过综合考察复杂管理系统中整体和它的各个部分的属性、功能，在动态变动中调节整体和部分的关系，对管理系统进行全面的规划、设计、组织、控制和管理，研究和选取最佳的系统内部管理要素的组合，达到管理系统的动态平衡和优化管理目标。

——《新编体育管理学教程》第二版，作者刘兵，P79

[思考题]

1. 简述系统论的定义。它对体育管理有哪些重要的指导意义？
2. 请用系统论的思想，分析国家皮划艇队的管理思路。

二、案例点评

系统论的思想方法是一种科学的方法，对它的应用，能为现代科学的体育管理提供有效的理论视角与解决办法。系统论强调整体性、有序性、动态相关性等原理，要求我们用系统的眼光从整体上、全局上认识问题，去创造和组合现代管理的要素。

系统论的管理思想在国家皮划艇队的实际应用体现在，要用"一个核心""两个机制""三个保证""四个狠抓"的系统论眼光去重新组合管理要素，将运动队管理系统中涉及的人（教练、领队、运动员、队医等）、财（伙食费、营养费、医疗费、转训住宿及场租费、服务保障费等）、物（场地、器材、设备等）、时间、信息等各个要素都调动起来，提出创新性的管理模式。

突出"一个核心"，即坚持"以人为本"的理念。人既是管理的主体，又是管理的客体，所以有了人才有管理。案例中国家皮划艇队的训练管理始终围绕"以人为本"开展思想政治和科学教学的相关工作，激励运动员的训练动机，使运动员树立远大的理想抱负，为实现我国皮划艇奥运会金牌突破的目标和个人的人生价值而不懈奋斗。人本原理提示体育管理者要树立以人为主体的管理思想，管理是为人服务的。管理者在实施计划、组织、领导、协调、控制等基本职能时，包括每项管理措施、制度和办法等都要从人的角度出发，实现人的全面发展。

此外，关于国家皮划艇队的管理还强调建立"两个机制"，即竞争机制和激励机制；实现"三个保证"，即政治思想工作的保证、科教兴体的保证和后勤服务的保证；强化"四个狠抓"即运动员的训练作风、专项素质训练、单人艇长划训练及技术训练等方面强化对运动员的思想、作风、专项素质、技术训练等运动队系统中各个要素的管理与控制。从中可以启示体育管理者，需要依照系统的结构特点，建立起层级划分细致、部门职责明确的管理体系。管理者应在尊重人、服务人、发展人、为了人的价值观下，实现各个层级、部门人员之间的协调配合，凝聚运动训练系统中所有相关人员的群体行为共同作用的力量。

三、资源链接

［1］常智．体育管理理论与实践［M］．北京：北京师范大学出版社，2010．

［2］刘爱军．系统理论与方法［M］．西安：电子科技大学出版社，2021．

［3］高宣扬．鲁曼社会系统理论与现代性［M］．北京：中国人民大学出版社，2016．

［4］孙庆祝，邵桂华．论体育管理系统工程理论与方法体系［J］．体育

科学，1997：12-15.

［5］运快生，金晓平．对我国体育系统管理状况的调查分析与研究［J］．北京体育大学学报，2003（3）：312-314.

［6］郭浩．体育管理要素分析［J］．体育世界（学术版），2012（11）：16-17.

案例 ② 构建体育产业创新生态系统的运行机制

一、案例简介

体育产业创新生态系统通过创新生态系统的自组织性、开放性和复杂性特征形成一种"灰箱"。在坚持协同共生的原则下，系统内部各要素主体之间通过竞争与合作、系统演化、耗散结构、动态平衡等机制调节内部关系，进行彼此之间的交互与博弈，在种群间形成新的组织架构、利益关联及任务分工，并在互相竞合的过程中产生自发的适应能力，最终推动系统向有序的方向演进，以此来保持体育产业的高质量发展。其内部运行机制主要如图 1 所示。

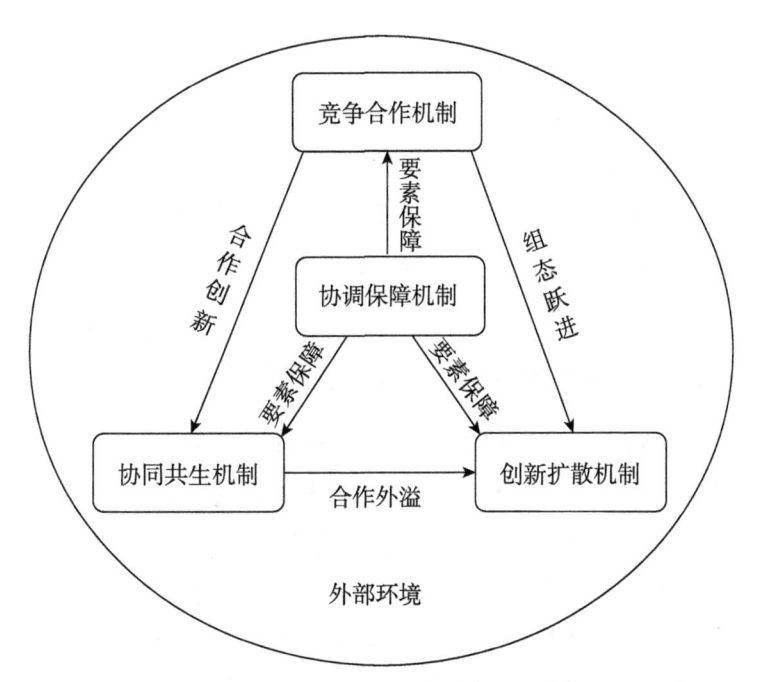

图 1 体育产业创新生态系统的运行机制设计

（一）竞争合作机制：推动体育产业微观主体的互利共赢

完善的竞争合作机制是提高产业竞争力的重要前提，该机制能不断拓展系统边界，提高系统内部资源的丰富性，增加系统内部生态位的数量，在非线性的自适应演化中不断地实现创新。在创新生态系统中，个体间的联系从单线竞争走向双线竞合。在体育消费市场竞争刺激下，通过竞合机制设计推动体育企业走向开放，核心企业、配套企业、研发部门等系统主体要在群落间、种群间的竞争中各自找准、控制、优化自身的生态位，寻求共同利益，进而提高系统内部的创新活力与创新效率，形成系统内部的良性循环。

（二）协同共生机制：加强体育产业链韧性

在体育产业创新生态系统中，基于竞合机制的影响，市场主体能够通过合作形成新的竞争优势并开始长期保持。短期合作向长期合作转化的过程会推动各合作主体在自身根本行动原则、行动方式上发生"拟合效应"，因此协同共生在市场机制的调节下逐渐成为系统内部各主体交互关系的基本法则。从体育产业特点来看，协同共生机制的重点是强化体育产业链韧性。通过协同共生机制实现体育营销模式的创新，能提高体育服务商的水平，推动体育培训业的专业化、多样化，助力中国体育服贸的进出口和跨国投资，促进高质量的中国优秀传统体育文化的传播等，从而实现生产要素的跨国流动，快速延伸产业链条，将人才、资金、技术、政策等关键要素进行系统整合，推动体育产业收入体系的多元化。

（三）创新扩散机制：助力体育产业提质增效

自然生态系统具有物质循环、能量流动和信息传递的作用，而信息传递在体育产业创新生态系统中的最终演化形式就是创新扩散。根据体育产业创新生态系统理论的创新扩散机制，体育产业应不断推进创新结构扩散、创新关系扩散和创新认知扩散，在资源要素不断流转的过程中实现创新技术的动态演进。基于体育产业创新生态系统的拓扑结构特征，一方面，体育产业各要素排列组合的复杂程度将显著提升，有利于大幅提升目前体育产业的突变深度与广度，为体育产业高质量发展提供更多市场可能性；另一方面，其创新扩散将实现体育产业创新治理的后移，大幅提高生产要素在产业中的流转效率，提升创新成果的不可预见性，将目前体育产业创新科技诞生前的"明确引领"转向"市场引领"，这也符合社会主义市场经济的发展要旨。

(四) 协调保障机制：提升体育产业的抗风险能力

体育产业创新生态系统的协调保障能力来自系统的开放性特征。系统创新中的负反馈会通过系统内部种群间"共生韧性"，以及在与外界环境的开放互动中进行分解。与此同时，外部环境要素与资源要素是体育产业创新生态系统的重要保障，其主要包括政策保障、基础设施保障、资金投入保障、人才供给保障、技术交易保障、信息服务保障等，并根据系统内部成员的数量决定其协调的保障力度。在体育产业创新生态系统构建初期，政府效用将摆在突出位置，具体来讲，政府将为生态系统的基本制度保障做背书、搭平台，在"可为""应为""能为"三个方面形成连接中央与地方多层级政府的政策体系框架，表明政府态度，为市场主体提供方向。创新生态系统的协调保障机制并非要催生一个没有抗风险能力的"花瓶产业"，而是通过政策规则设计维护一个更大范围内的良性循环。

总之，在创新生态系统中各运行机制的作用下，能不断强化体育产业内部各要素及相关产业各要素间的深度融合，打通科学生态、技术生态、商业生态和管理生态之间的壁垒，突破技术信息差、商业信息差和科学信息差，提升现有技术在体育领域的应用效率，推进体育产业高质量发展。

资料来源：

刘冬磊，崔丽丽，孙晋海. 构建体育产业创新生态系统的理论设计与路径研究 [J]. 体育科学，2023，43 (9)：40-52.

[知识点回溯]

体育管理系统中各要素是不可分割的，它们相对独立又有普遍的联系，共同构成体育管理系统。我们必须从整体上去认识和理解不同要素在体育管理系统中的作用和功能。同时，管理要素的作用和相互关系也随着管理运动而不断发生变化，我们要动态地看待各要素，根据及时掌握各要素的发展变化征兆和信息，及时调整自己的行为和工作重点。

——《新编体育管理学教程》第二版，作者刘兵，P86～87

[思考题]

1. 根据案例简介，简述体育产业创新生态系统的内涵。
2. 体育产业创新生态系统运行机制的构成要素有哪些？各机制要素在体育产业创新生态系统中各发挥了什么作用？彼此之间又存在怎样的联系？

二、案例点评

根据系统论的观点，管理系统中各个组成要素之间是既相互独立又相互联系的关系。同时，各个要素之间也是规律、动态地运行着，因此我们要从整体上去认识和剖析各个要素所发挥的作用。为有效解决体育产业生产要素低效整合制约体育产业高质量发展的矛盾问题，构建体育产业创新生态系统成为重要举措。

运用系统论的观点去剖析体育产业创新生态系统的运行机制。从整体上看，体育产业创新生态系统整体的运行机制主要由"竞争合作机制""协同共生机制""创新扩散机制""协调保障机制"四个机制要素构成，四个运行机制要素相互独立、相互协作，共同推动体育产业创新生态系统的良性运行。从部分上看，一是竞争合作机制起着推动体育产业微观主体互利共赢的作用。通过竞争合作机制规律地推动各个体育企业主体，促使其在创新生态系统中找准各自的生态位置，进而谋求共同利益产生合作关系。同时，各个体育企业主体为了不断提高自身生态位置，又通过科技创新手段产生竞争。竞合机制就是通过这种动态关系，不断拓宽创新生态系统的边界，推动系统整体的发展。二是协同共生机制起着巩固体育产业链韧性的作用。体育产业创新生态系统中各个体育企业主体在市场的调节下，遵循着协同共生的基本法则，体育企业的相互合作，推动了体育产业链与其他产业链的融合发展，进而强化了体育产业链创新发展的韧性。三是创新扩散机制起着助力体育产业提质增效的作用。体育产业创新生态系统若要实现高质量发展，必须依靠创新扩散机制。该机制加强了体育产业各个生产要素间的联系，带动体育产业链从低端向高端发展。四是协调保障机制起着提高体育产业抗风险的能力。体育产业创新生态系统具有开放性，既会动态地与外部环境发生联系，又时常会与外部环境发生冲突，而由政策、基础设施、资金、人才、技术、信息服务等保障要素构成的协调保障机制能够有效提升体育产业创新生态系统的抗风险能力。

基于上述四个运行机制要素的作用，共同推动了体育产业创新生态系统的发展与壮大。各个运行机制要素都是必不可少的组成部分，缺少任何一个要素都会限制体育产业创新生态系统的发展。

三、资源链接

［1］高晓光．体育管理［M］．北京：经济科学出版社，2015．

［2］左庆生．体育管理学［M］．北京：北京师范大学出版社，2010．

［3］高雪峰，刘青．体育管理学［M］．北京：人民体育出版社，2009．

［4］秦椿林．体育管理学高级教程［M］．北京：高等教育出版社，2009．

［5］张立波，邓存惠，张锐．区块链重构体育产业生态系统的实施路径探究［J］．北京体育大学学报，2020，43（7）：25-35．

［6］赵广涛．职业体育俱乐部核心竞争力要素管理业务流程再造路径选择［J］．西安体育学院学报，2015，32（3）：310-320．

［7］李军岩，程文广．基于熵、耗散结构的体育管理系统演化研究［J］．沈阳体育学院学报，2008（2）：35-37．

第四章 体育行政管理

体育行政管理是指国家权力机关的执行机关依法管理国家体育事务、社会体育事务和机关内部体育事务所进行的计划、组织、协调、控制等一系列综合活动。它和大多数管理一样，以实现体育组织目标，创造更多的社会效益和经济效益为目的。

由于我国是社会主义国家，因此不仅具有一般行政体育管理所共有的政治性、强制性和实用性的特征，而且具有自己的特点。一是我国的社会主义体育行政管理，受无产阶级政党的政治领导和思想领导；二是体育行政机关，对经济建设负有间接管理或促进作用，这是体育经济性在行政管理上的体现；三是体育行政管理在进行物质文明建设的同时，还肩负提高社会主义精神文明的重要任务。

体育行政管理的基本功能包括政治功能、经济功能、文化功能和社会服务功能，这些功能必须通过管理才能实现。因此，从体育行政管理过程来看，体育行政功能又包括决策、组织协调和控制等运行功能。

体育行政组织由组织目标、机构设置、人员构成、权责体系、法规制度和物质要素构成。依据组织的不同功能和作用，可分为领导机构、执行机构、监督机构、咨询机构、信息机构和辅助机构。由于世界各国体育管理体制的性质、内容与结构各有不同，按照管理权力的归属，可分为政府管理型、社会管理型及两者结合型。我国现行的举国体制决定了我国体育行政组织管理体制。我国过去一直采用的是政府管理型，由国家、政府办体育，但随着社会主义市场经济的建立，改革开放的不断深入，我国体育管理体制也进行了深入的改革，从而也引发了我国体育行政组织体制的改革。

本章通过"我们能从芬兰体育行政管理组织体制中学到什么"和"体育改革：成就、问题与突破"两个案例，帮助学生了解体育行政管理的功能和特点，掌握不同组织类型体育行政管理的发展历程、特征和作用，探讨我国在现有的体育管理体制下体育事业取得的辉煌成就，分析新时期体育管理体制改革的新趋势。

案例① 我们能从芬兰体育行政管理组织体制中学到什么

一、案例简介

芬兰体育的发展和芬兰的政治制度在时间和内容上都是密切相关的，政治制度对支持体育和体育组织的存在有重大影响。本篇文章，我们将具体了解芬兰体育治理体系，旨在帮助我国在体育管理机制改革中发展出符合自身国情的体育治理模式。

(一) 芬兰体育的发展

1. 芬兰体育的早期演变（至20世纪60年代）

芬兰第一个有组织的体育协会是塞格尔福·伊·布约内堡游艇俱乐部，1856年克里米亚战争后，该俱乐部在西海岸小镇波里成立。战争期间，英国海军突袭芬兰海岸，因此俱乐部成立的初衷是让城镇的防城人和官员自愿参与海岸警卫队任务。

1920—1944年，芬兰体育成为增强士兵体质和国防力量的一个重要内容。但是受社会阶级和政治意识形态影响，当时的体育组织都具有不同的政治或阶层标记，导致初期芬兰体育形成了北欧金字塔形式的各自独立的体育组织（图1）。与此同时，体育俱乐部在芬兰快速发展，俱乐部数量及体育爱好者增多，新兴城市文化出现——学校学生拥有滑雪假期。国家开始注重体育教育的发展，战争部、教会及教育部开始争夺体育管理权。

1945—1966年，国防课程逐渐变成了锻炼课程。同时，体育理事会在各省市的普及使体育行政管理三方逐渐稳定。1952年的赫尔辛基奥运会暂时缓解了芬兰在政治和体育上的矛盾，加快了芬兰的国际化进程。体育学校、健身俱乐部和体育科学开始具有获得国家资助的资格。1963年，运动科学学院在于韦斯屈莱大学成立。早期芬兰体育结构如图1所示。

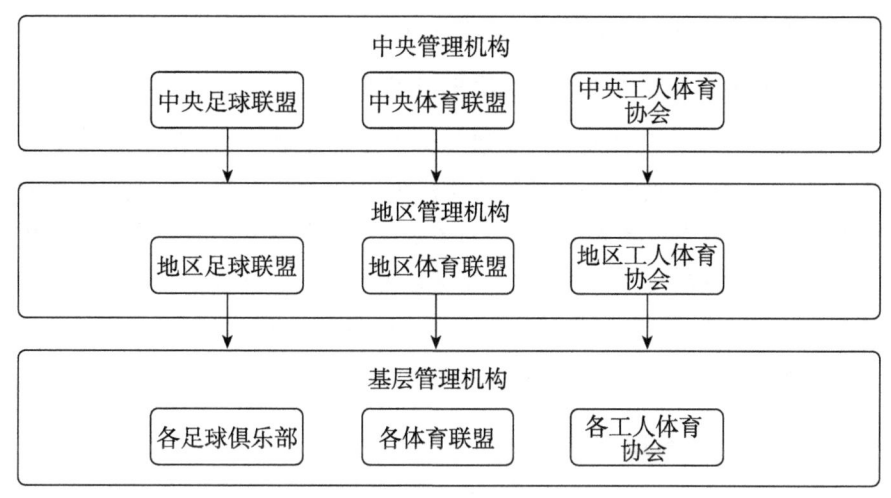

图1　早期芬兰体育结构

2. 普惠福利体系下的芬兰体育发展（20世纪60年代—20世纪90年代）

20世纪60年代，芬兰体育政策的重点集中在传统竞技领域。从20世纪60年代末开始，接下来的20多年，芬兰开始向社会民主福利国家转变，实施了一系列社会改革，社会福利支出水平升高，社会和卫生服务部门及大型公共部门快速发展。20世纪六七十年代，社会生活中许多方面都成为政治领域的一部分，体育也成为社会政策目的工具，特别是在有关健康目标的实现方面，越来越多的政党参与体育运动。随着芬兰社会的现代化发展，国家和志愿组织包括体育组织的关系有了新的发展。

这一时期的体育政策开始转向全民体育（Sport for All）。且政策转变以来，保持了一贯方针，即大众参与体育的优先次序高于精英体育发展。该方针直到20世纪90年代中期的35年里，都未曾改变。直到1979年，第一个国家体育设施计划公布，标志着政府把"提供体育设施，促进提高体育参与水平"纳入体育制度的核心，体育设施快速发展的时期才正式形成。

在20世纪70年代后期和整个20世纪80年代，全民体育原则通过政府政策和战略文件被强化。1970—1976年出台的两份体育相关报告及成立的政府立法委员会，都支撑了全民体育。1980年《体育法》正式确定了现存的非正式结构和程序，明确了应由政府向大众提供体育设施和项目，同时也正式承认了体育运动的社会意义，即"保障公民参与体育锻炼活动，维护公民体育权利，改善体质健康水平和提高公民体育素养"。

3. 芬兰体育多样性发展（20世纪90年代至今）

1993年芬兰自身经济衰退、苏联解体等因素催动了芬兰国家机构变革和社会变革，体育组织的政治意识也逐渐淡化。1995年采用的以运动成绩表现评定所获资金的筹资制度是政府行使权力的体现。体育运动能够有权得到政府补贴，从旧的规范型融资发展到基于绩效的融资时代。这种变化促使传统的北欧体育组织金字塔结构被集群结构取代，而这些组织之间的联系较弱，最终由区域意识维系分散社区，形成了现在的大联盟体系与政府协同管理的结构。

（二）芬兰体育现有管理体系

芬兰体育管理体系分为两大部分，一是由政府主导的，二是由社会主导的，两者共同协作促进芬兰体育的发展（图2）。政府主导部门为教育和文化部，社会主导为芬兰奥林匹克委员会。教育和文化部为从事体育研究的机构提供资金资助，包括于韦斯屈莱大学、LIKES促进运动和公共卫生基金会、UKK研究院、竞技和卓越体育中心、芬兰体育科学学会。同时，这些机构为教育和文化部提供体育及健康科学的咨询。

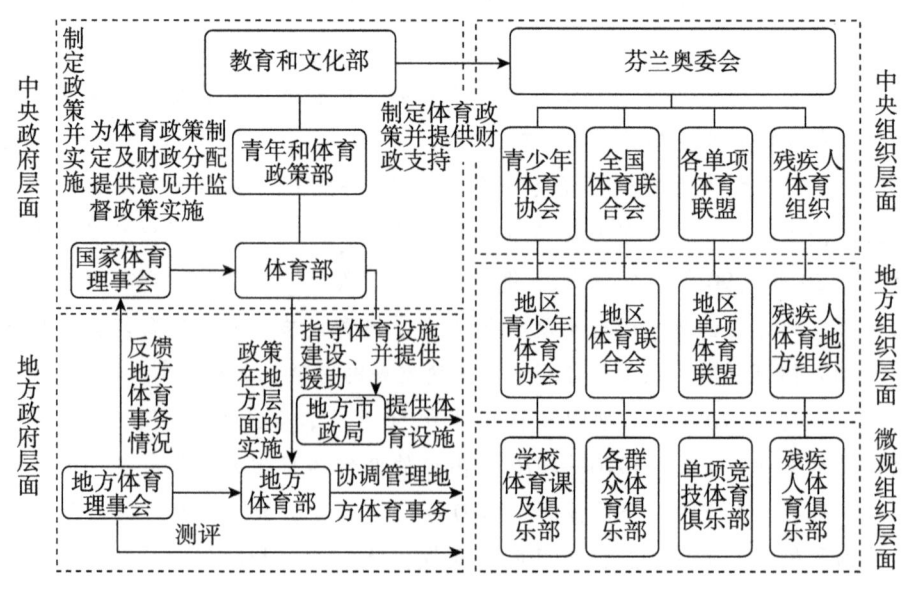

图2 芬兰体育治理体系

1. 政府主导的体育管理体系

政府主导的体育管理体系中的最高部门是教育和文化部，负责体育政策的整体制定、协调和发展，协助国家行政部门制定体育各项相关要求。教育和文化部内设青年和体育政策部，由青年和体育政策部领导体育部。根据芬兰《体育法》，设立国家体育理事会作为教育和文化部的专家机构，从属体育部。该理事会负责解决涉及体育的广泛性问题和根本性问题，评估政府在体育领域实施的措施的影响，为体育发展提出建议，并就体育资金的使用发表意见。其所属的体育科学小组为教育和文化部提供体育和健身科学方面的咨询。

教育和文化部负责为体育发展创造有利条件，协调、发展体育政策。地区行政部门负责区域体育管理的任务，同时酌情与市政当局、非政府组织和其他体育机构展开合作，指导及支持体育设施的建设，对研究开发项目提供各项支持。研究开发项目由该领域的研究机构和高等教育机构进行。建筑信息基金会将体育设施建设相关指南发布于教育和文化部关于体育设施的系列出版物上。教育和文化部强调人民健康和福利的重要性，促进体育在社会中的广泛发展，激励公民参与其中，支持表演性体育运动，以提高芬兰在国际上的声誉。

教育和文化部及区域国家行政机构为建设体育设施和相关娱乐设施的项目拨款。大多数财政支持都用于为大型用户群提供服务的项目，如游泳池、健身房和溜冰场，以及当地体育运动和体育活动设施的建设、翻新或维修。芬兰大约有36000个注册的体育设施，其中约75%由市政当局建造和维护，成本估计超过700000欧元的项目由国家政府支持，成本估计低于700000欧元的项目由相关地区的国家行政机构支持。有资格获得经济支持的项目首先列入体育运动和体育活动设施四年财务计划中，这些计划每年进行审查，具有指示性，仅适用于教育和文化部职权范围内的项目。寻求支持的申请提交有关地区国家行政机构，该机构按优先顺序安排项目。教育和文化部起草了一份关于其职权范围内所有项目的国家提案，项目的成本估算（不包括增值税）不超过30%的给予支持，其金额不得超过750000欧元（游泳池不超过1000000欧元）。对具有国家重要性的体育设施的支持，将根据具体情况进行考虑，每年都会设定支持上限。

2. 社会主导的体育管理组织

芬兰奥林匹克委员会作为社会管理机构参与体育治理，具体落实体育运动活动。芬兰奥林匹克委员会是芬兰目前社会体育组织的最大主导者，是一个全国性的体育组织，专注于顶级体育运动参与，与芬兰政府、教育和文化部协同发展芬兰体育，落实体育政策。

新奥林匹克委员会于2017年1月1日开始运行，由原芬兰体育联盟和原奥林匹克委员会合并而成。委员会目前有87个成员组织、26个附属成员和4个个人成员、60名员工，年度预算整体资金来源基于政府支持和自筹资金，政府支持资金来自教育和文化部分配的资金。

芬兰奥林匹克委员会制定俱乐部活动运营的条件。芬兰奥林匹克委员会包含芬兰青年协会、芬兰学生体育协会、残疾人体育协会（VAU），各单项体育联盟等各类体育组织。各联盟、协会、体育组织由大量的运动俱乐部或区域/地方组织组成，分地区管理。

资料来源：

佚名. 芬兰体育治理体系：政府主导与社会主导协同并进[EB/OL]. (2020-05-18) [2024-1-23]. http://www.sohu.com/a/396009472_115402.

[知识点回溯]

体育行政组织机构主要包括体育行政组织的纵向结构和体育行政管理组织的横向结构。前者又称为直线式结构，是纵向分工形成的体育行政组织的层级制。纵向结构指的是体育行政组织的纵向分工，是体育行政组织内部各层次之间的纵向等级模式。具体表现：一是不同层次之间的体育行政机关上下级的主从关系；二是同一体育行政机关内设置的各行政组织之间的上下级关系。后者又称为职能性结构，是横向分工形成的体育行政组织的职能制，即同级体育行政机关和每级体育行政机关和每级体育行政机关内部各组成部门之间的组合方式。

——《新编体育管理学教程》第二版，作者刘兵，P102~103

[思考题]

1. 简述体育管理体制的类型及特点。
2. 结合案例分析，芬兰体育行政管理体制的类型、特点及作用。
3. 芬兰政府与社会协同并进的体育行政管理体制对我国体育行政管理体制的发展有怎样的启示？

二、案例点评

管理国家体育事务的主体称为体育行政组织。一个国家的体育行政组织是其体育体制的组织基础，是国家政治制度的重要组成部分。体育体制受到不同的政治、经济、文化和社会的影响，会表现出不同的特点与类型。按照目前现有的研究，主要分为政府管理型、社会管理型和两者结合型。

从芬兰现有的体育管理体系来看，其选择的是政府与社会相结合的体育管理体制。芬兰是世界上少数几个能够将竞技体育领域的成功经验移植到大众体育领域的国家之一，也是成功地将竞技体育的组织机构要素融入大众体育组织机构要素的国家之一。从政府管理机构来看，教育和文化部是其体育管理体系中最高的领导机构，负责国家体育的发展、政策的制定和财政的支持。芬兰国家体育理事会为咨询、监督机构，负责解决体育的广泛性问题和根本性问题，评估和监督政府在体育领域实施的措施影响，为体育发展提出建议。从社会管理机构来看，芬兰奥林匹克委员会是作为社会管理机构参与体育治理的非政府体育组织机构，负责具体落实体育各项活动，分地区管理各联盟、协会、体育组织。与其他国家的非政府体育组织不同，芬兰奥林匹克委员会通过影响政府组织，为其下属非政府体育机构争取利益。因此，芬兰体育治理结构体现出一种全社会非政府体育组织横向联合的特征。

这种结合型管理体制通过政府宏观控制，借助法律和规范的宏观约束手段来调控和管理体育的发展，促使体育事业向既定目标发展并良性运行。同时，结合型管理体制通过体育社团、协会或俱乐部横向、平行的信息流和社会上的企业、院校及民间组织的力量来协调体育的运行和发展，有效地激发了社会力量的积极性，充分利用了社会各方面资源。

在芬兰的体育行政管理组织中，除了各级政府积极参与芬兰体育治理之外，大量的非政府组织也是芬兰体育治理的具体实践者，在芬兰的体育治理中发挥着重要作用。我国应当借鉴芬兰成功的治理经验，提高政府部门之间的横向合作，通过政府放权和授权，完善社会体育的体制、机制，从而实现多元化主体共同治理。

三、资源链接

［1］刘青．体育行政管理新论［M］．北京：人民体育出版社，2006．

［2］欧秀伶，于宝明．芬兰体育公共政策及其启示［J］．山东体育学院学报，2012，28（3）：10-13．

［3］石武，丛湖平．芬兰与中国体育体制比较研究［J］．浙江体育科学，2008（1）：8-10．

［4］王斌．外国体育行政管理体制比较研究［J］．体育文化导刊，2008（2）：104-106．

［5］刘戈．中英体育管理体制比较研究［J］．体育文化导刊，2012（12）：16-19，28．

［6］常利华．俄罗斯体育管理体制及其对我国的启示［J］．体育文化导刊，2016（11）：30-35．

［7］鲁毅．德国体育管理体制及其对我国体育发展的启示［J］．广州体育学院学报，2016，36（4）：1-4．

案例 ② 体育改革：成就、问题与突破

一、案例简介

改革开放40年来，体育在国家改革波澜壮阔的大潮中搏击奋进，砥砺前行，取得了举世瞩目的成就。从国际战略上看，体育成为服务国家总体外交、彰显国际竞争力、展示中国形象、传播中国主张、促进人类命运共同体的载体。从国内发展上看，全民健身上升为国家战略，体育正通过发挥综合价值和多元功能，承担全面参与健康中国建设，引领健康生活方式，助力经济转型升级，增强国家凝聚力和文化竞争力的时代任务。

体育所释放出的前所未有的能量，是由世界体育高度发展和我国经济社会快速发展所供给，也是由体育改革开放所释放。如今，体育要更加全面深入地融入国家的经济建设、政治建设、社会建设、文化建设及人的全面发展，更加充分地发挥在建设健康中国和实现中华民族伟大复兴中国梦中的独特作用，其动能仍然来自体育改革创新。按照习近平总书记"要下大功夫总结和运用我国改革开放的成功经验"指示精神，本文就体育改革取得的成就、面临的问题和深化体育改革的突破点进行总结、分析和思考，为推动全国体育改革的纵深发展，实现新时代体育大跨越提供借鉴和参考。

（一）体育改革的成就

在群众体育方面，全民健身上升为国家战略，全民健身工作部际联席会议机制已建立，政府主导、部门协同、全社会共同参与的"大群体"工作格局初步形成；全民健身公共服务体系初步形成，全民健身组织网络基本形成，全民健身指导和志愿服务队伍不断壮大，全民健身活动新模式正在逐步形成，马拉松成为引领全民健身的龙头运动；科学健身指导个性化，《全民健身指南》的发布为国民提供了科学制订健身指导方案的依据。

在竞技体育方面，举国体制成为竞技体育发展强有力的保障，成功举办

和参赛2008年北京奥运会、2022年北京冬奥会,竞技运动竞争力大幅提高,运动训练科学化水平整体提高。

在体育产业方面,确立了体育的产业地位,体育产业政策取得重大突破,体育产业规模不断扩大,体育产业结构不断优化,体育产业新模式、新业态不断涌现,居民体育消费快速升级。

在体育文化方面,体育精神成为改革创新的时代精神,以人民为中心成为体育发展的价值取向,体育成为人民美好生活的组成部分;民族传统体育文化传承与创新不断推进,体育文化产品与交流平台不断丰富与扩大。

在体育外交方面,国家总体外交事业成效显著,成为国家交往合作的重要领域和内容;举办国际赛事搭建多边对话机制的互动平台,参与体育全球治理中国有位有声,对外体育援助有效提升了中国道义感召力,"走出去""请进来"国际合作交流通畅。

(二) 体育发展面临的问题

我国体育在取得辉煌成就的同时,随着体育事业规模不断扩大和结构日益复杂,体育发展面临着新情况和新问题。

在整体发展上,存在以下问题:体育领导体制和管理模式与激烈的国际竞争不相适应,体育公共服务能力和水平与人民群众日益增长的体育健身需求不相适应,体育改革的内生动力与中央全面深化改革的要求不相适应,体育人才结构和总量与体育强国建设的要求不相适应,体育文化影响力与体育国际地位提升不相适应。

在重点领域里,呈现出竞技体育发展结构偏态,冬季与夏季项目发展失衡,奥运项目与非奥项目发展失衡,竞技体育与青少年体育发展失衡。群众体育发展不均衡,东部、中部和西部地区发展不均衡,城市、乡镇和农村发展不均衡,基本体育公共服务供给不均衡,参与体育健身人群不均衡,各部门协同推进全民健身发力不均衡。体育产业整体质量不高,体育产业结构不均衡,产业链条较短,运动项目产业发展滞后,民众体育消费水平偏低,体育企业营利能力不强,产业发展的科技和人才支撑薄弱,资本对体育支持力度不够。体育文化传播力不足,体育文化的价值导向不明确,体育教育在体育文化中缺位,民族传统体育传承发展与动力不足,传导中国文化对国际社会的感召力和影响力不够,体育文化在建设社会主义文化强国中的独特作用未能有效发挥。体育外交定位不准,站位不高,缺乏整体规划设计,战略定位不清晰,系统性、科学性、前瞻性理论研究薄弱,在体育发展中的地位不突出,功能作用有效发挥不够。

(三) 深化体育改革的攻坚点

体育发展中出现的新情况和新问题只能由改革和创新来解决。以改革促发展,以创新强改革,是新时代体育迈向新征程的必由之路。2017年,新时代发起的新一轮体育改革围绕体育管理体制,在政府职能转变、单项协会实体化、全运会改革、训练竞赛体制改革、国家队管理等方面开始了攻坚。

(1) 实行政府购买服务。将赛事组织、项目活动、科技服务、课题研究、职业培训等实行政府购买服务,在政府职能转变中降低了政府提供服务付出的人力、资金、时间及相关行政资源的成本,促进了专业性学会、协会的发展。

(2) 取消赛事审批权。国家正式开展的体育竞赛项目立项、运动员交流协议、国家级裁判员、体育竞赛全国纪录项目四项行政审批事项被取消,每年近千项群众性和商业性赛事不再经由国家体育总局审批,将政府对赛事的管理由赛前审批转为赛中和赛后监管,堵塞监管的缝隙和漏洞,加大了对违法和违规者的处罚力度,着力营造公平竞争的赛事市场环境。

(3) 协会实体化改革试点取得重大进展。启动了三批次的协会脱钩试点。截至2018年,脱钩试点协会三批共28家已完成22家,纳入奥运项目协会实体化改革的28家主要负责人调整完毕,9家协会已完成法人变更,14家协会设立独立账号,协会拥有开展项目和备战参赛的职能及其相应的决策权、财务权、用人权。

(4) 专业型管理人才靠前指挥备战参赛。将姚明、王海滨、张传良、沈金康、冼东妹等一批专业教练员选拔到协会领导岗位,利用其专业特长和社会影响,发挥引领和示范带动效益,强化高水平专业型备战管理优势,给传统的行政管理型备战注入新的活力和开辟探索性实践。

(5) 足球改革开辟了奥运项目协会改革的试验田。中央全面深化改革领导小组牵头的足球改革在《中国足球改革发展总体方案》指导下,积极实施

《中国足球协会调整改革方案》，创新了中国特色足球管理模式，足协的自治能力不断提升，足球发展的法制化水平日渐完善，为单项协会的改革提供了样板，为体育管理体制改革积累了宝贵经验。

（6）篮球成为奥运项目协会实体化的开路先锋。篮球运动管理中心职能全部划转中国篮球协会，姚明出任中国篮球协会主席，成为担任单项协会负责人的首位体制外球员。篮球职业联赛改革和国家队管理体制改革迈出大步伐，篮球改革发展的体制机制和政策措施实现了重大突破，成为奥运项目中心体制改革和机制创新的先行者。

（7）全运会赛制改革。全运会增设乒乓球、羽毛球、龙舟、攀岩、轮滑群众比赛项目金牌，专业性比赛项目与群众性比赛项目的隔墙被打破，赋予了"全运会国内练兵，一致对外"目标新形式和新内容，全运会开放性、参与性、全民性得以实现。

（8）运动项目管理中心职权向单项协会转移。运动项目管理中心将奥运备战参赛、国家队组建与管理、后备人才培养、组织开展和参加国际国内竞赛、项目推广、市场开发、专业技术培训等职能向单项协会转移，以承担单项协会党的建设、赛风赛纪、反兴奋剂等职能为单项协会提供服务保障。运动项目管理中心功能弱化和单项协会实权化迈出了协会实体化关键的一步。

（9）国家队管理体制改革与机制创新。国家队管理体制改革与机制创新呈现四化。多元化：一个运动项目设立两支或多支国家队，打破单一国家队的设置，形成合作竞争态势。地方化：一是将国家队下放到省（区、市），采取与省（区、市）联办国家队的方式；二是省（区、市）竞争选拔，择优组建国家队，承担组建国家队任务。社会化：与企业组建国家队，实施"与狼共舞"计划。扁平化：国家队不再设总教练、主教练岗位，设男子、女子国家队教练组，实行"扁平化"管理。

历时两年的新一轮体育改革重点围绕政府职能转变、协会实体化、奥运备战参赛、国家队管理体制改革和机制创新在不同面和不同点进行发力，在全社会和体育领域产生了很大反响。

资料来源：

杨桦. 体育改革：成就、问题与突破 [J]. 体育科学，2019，39（1）：5-11.

第四章 体育行政管理

[知识点回溯]

体育行政管理的改革目标是要继续推进体育行政管理机构改革，进一步明确政府和社会的事权划分，实现政事分开、管办分离，把不应由政府行使的职能和社会能够办的事转移给事业单位、社会团体和社会中介组织，体育行政部门要把重点转移到贯彻国家体育方针、研究体育事业发展规划、制定体育产业政策、加强管理和提供服务上来，强化体育行政部门的宏观调控、社会行政和行业管理职能，建立办事高效、运转协调、行为规范的具有中国特色的体育行政管理体制。

改革的主要内容：一是改革政府体育管理机构，强化社会体育组织；二是改革竞技体育管理体制，主要是深化运动项目管理体制改革和积极稳妥地发展各类体育俱乐部。

——《新编体育管理学教程》第二版，作者刘兵，P124~125

[思考题]

1. 结合案例，简要分析我国体育行政管理体制改革的原因和未来的发展趋势。

2. 请列举近些年我国实行的有关体育行政管理体制改革的政策，并进行简要分析。

二、案例点评

改革开放40余年来，体育在国家改革浪潮中砥砺前行，新一轮体育改革围绕体育管理体制展开，在政府职能转变、单项协会实体化、全运会改革、训练和竞赛制度改革、国家队管理等领域开始了攻坚，取得了举世瞩目的成就。全民健身成为国家战略，竞技体育实力显著提升，体育产业结构不断优化，体育精神成为改革创新的时代精神，体育成为服务国家总体外交的载体，这与我国现行的体育管理体制密切相关。

然而，在取得辉煌成就之外，随着当代中国现代化进程的加快，体育管理体制改革和运行机制的调整，我国竞技体育规模不断扩大和运动技术水平不断提高，我国体育行政管理体制在实际运行过程中，在新的历史条件下面临新形势、新问题，需要进一步改革完善。在体育管理体制改革中，以转变政府职能为核心、简政放权为突破口，通过建立具有中国特色社会主义体育新体制，推动体育产业发展，提高全民健身水平，培养优秀体育人才，增强国家体育软实力。

三、资源链接

［1］梁晓龙，鲍明晓，张林．举国体制［M］．北京：人民体育出版社，2006．

［2］本报报道组．深化体育改革 为体育强国建设打牢基础——全国体育局长会工作报告摘编（二）［N］．中国体育报，2024-01-11（1）．

［3］本报报道组．坚持办好"以人民为中心"的体育——全国体育局长会工作报告摘编（三）［N］．中国体育报，2024-01-12（1）．

［4］肖进勇，王志杰．现阶段我国体育行政管理改革的成效与不足［J］．成都体育学院学报，2000（2）：16-18．

［5］宋继新，贡娟．论国家体育管理体制变革的重心——体育管理组织结构创新的再研究［J］．北京体育大学学报，2008（5）：577-579．

［6］季浏．构建我国群众体育管理"强政府与强社会"模式的策略分析［J］．武汉体育学院学报，2014（1）：5-10．

第五章 学校体育管理

学校体育是学校教育的重要组成部分，是体育发展的基础和重点，是学生适应社会生活的桥梁和途径。要想高效地开展学校体育工作，必须强化学校体育管理。

学校体育成就的取得离不开学校体育管理发挥的重要作用。在我国，开展学校体育管理工作主要是在教育行政部门的领导下，由学校组织具体实施，并接受体育行政部门的指导。一般来说，学校体育管理的具体内容主要由学校体育开展的内容来决定，主要包括体育教学工作管理、课外体育活动管理、课余运动训练管理、学校体育活动经费管理、学校体育场地与器材设备管理、学生体质与健康管理、学校体育科研管理等。

此外，绩效评估工作是学校体育管理的重要一环，是实现学校体育管理目标的必要手段。学校体育管理绩效的评估内容主要包括学校领导对学校体育工作的重视程度、体育教学工作、学生体质发展状况、体育经费和场地设备情况等构成。主要采用听、看、查、评相结合的方法，大致经历评估准备、自测和评定验收三个阶段。在此过程中，需要遵循目的性、科学性、客观性、可操作性和实事求是原则。

本章通过"协同理论视角下我国体教融合发展的现状与路径"和"'双减'政策下青少年课外体育服务供给的现实困境与行动探索"两个案例，使学生能够理解学校体育发展的战略地位和管理任务，熟悉学校体育管理的具体内容。此外，对学校体育管理工作进行客观评价，领悟学校体育管理工作的原则和方法，并且学会分析和指导实际的学校体育管理工作实践。

案例 ① 协同理论视角下我国体教融合发展的现状与路径

一、案例简介

2022年党的二十大报告明确提出"中国式现代化"发展道路。如何在体育现代化发展道路上破解体教融合的诸多难题、拓展融合之路和提出融合方案，是体育和教育工作者值得深入研究的议题。

（一）体教融合运用协同理论的现状

1. 育人目标一致性形成困难

共同利益和目标是协同治理的本质导向和前提，要求目标一致。立德树人是新时期党和国家育人的最终目标，因此体教融合协同治理的核心目标是"铸体育人"，其子目标包括强化学生的全面发展、培养体育竞技后备人才和构建体育事业中的民心工程等。由于体育系统和教育系统隶属不同的国家职能部门，且关注和致力的点存在差异，导致"体教结合"在实现各自子目标时一直处于貌合神离的剥离状态。学校体育以授课和课外体育文化建设提升学生体质为首要任务，体校以选材和训练为抓手，以完成国家和省市竞赛任务为使命。两者阶段性目标存在差异，致使终极目标一致性难以形成。

2. 正式法律法规存在不足

法律是治国之重器，良法是善治之前提。对于体教融合协同治理而言，存在以下问题。首先，法律法规内容不健全，导致体教融合协同治理存在社会惰化。《中华人民共和国宪法》《中华人民共和国体育法》《中华人民共和国民法典》均没有直接规定公民体育权利的条款。其次，法律法规实操性不强，导致体教融合协同治理出现劣质标杆。对学生体育伤害事故的处理主要参考《中华人民共和国民法通则》和《中华人民共和国侵权责任法》的过错原则来追责，学校和教师承担的是主要责任和过错责任。致使无运动量与缺失负荷的体育与健康课程形成"默契"，对促进和提高学生体质健康水平的效果甚微。最后，政策文件执行力和问责机制不畅，导致体教融合协同治理梗阻。例如，《全民健身条例》《学校体育工作条例》等内容多是原则性和宣示性条款，缺乏执行程序说明、奖惩措施和问责机制，导致文件政策执行不畅和实效甚微。

3. 协同育人过程权利共享实现困难

体教融合共同目标的实现需要凭借教育部门和体育部门各主体权威发挥，协调协同治理过程中利益、观点及矛盾冲突，达成权利共享并在构建新的序参量中探寻新的平衡状态，进而形成合作共识来推进。在培养竞技体育后备人才的价值取向上，教育部门是普及促进提高，体育系统是提高带动普及，两者应同向同行和双赢共赢。但现实中，在权利共享方面存在诸多壁垒，各利益主体空间结构、话语权表达效果和利益诉求程度等因素致使体教融合的权利分配存在博弈，使体教融合的核心目标难以有效实现。

（二）构建体教融合协同的实施路径

1. 新定位：培育体教融合协同的社会资本

体教融合作为教育和体育部门协同发展的一种治理模式，理应有目的地发展和培育社会资本。首先，培育体教融合的协同价值认同。例如，成立全面深化体教融合改革领导小组实施顶层决策机构，确立统一的党委领导制度和监督，树立信念和道路选择的自信，完善"懒政"的问责机制。其次，构建和培育体教融合的信任机制。例如，学校体育工作者职称认定与体育总局教练员身份惠通机制的建立是融合社会资本和培育信任机制的有效途径。最后，发展和壮大体育社会组织。在我国转变政府职能采取"放管服"的执政方式引导社会资本注入社区、青少年体育培训，在社会单元和家庭细胞中培养体育意识，也是体教融合必要的路向之一。

2. 新环境：完善体教融合协同治理法规制度

法治建设是协同治理理论的本质内涵和诉求，也是体教融合协同治理的重要保障。首先，制定体教融合协同治理的基本法规。法律形成制度，再形成协同的秩序和结构。《北京市中小学校办学条件标准》明确规定，学生人均体育活动面积不低于8平方米，国家发改委和体育总局联合印发《"十四五"时期全民健身设施补短板工程实施方案》，其中提出全国人均体育场地面积达到2.6平方米。不同单位对同一事物的表达和规定存在较大差距，说明体教融合只有通过法律框定才能协同运作形成有序结构和秩序。其次，以问题为导向，增强相应法律法规的强制性和可操作性。在制度设计上，强化法律法规的强制性。在语言选择上，明确对违法行为的处罚措施。最后，健全跨部门的协同工作制度和执法联动机制。对于"大政府、小社会"的社会状态，存在社会组织的监督被边缘化，致使体教融合的部门决策带有随意性、间断性、易变性等特点。因此，在制定体教融合政策和实施方案时应通过公民告知并参与、专家讨论并认证、风险评估并规避、合理性审查并决定等环节，做到科学决策和联动执法机制，同时进行全过程法律监督。

3. 新措施：规范责权体系取得协同效应

权责分配问题是体教融合协同治理的核心问题。首先，坚持责权一致原则。其核心是要明确体育系统、教育部门、各级运动协会和公民的角色定位、责任边界和权力空间。其次，坚持责权对等原则。成本与受益对等是体教融合各子系统协同发展的前提。最后，坚持考核与激励并进机制。考核和激励是协同管理的一种方法和手段，建立台账制度对各主体责任的履行情况定期和不定期进行考核，进而全面、精准和客观的奖励和惩罚，督促各主体履行应尽的责任。

4. 新行动：构建体教融合协同治理运行网络

在法规制度明确、社会资本丰富和权责关系清晰的基础上，体教融合协同治理还应拓展和规范其运行网络。首先，建立体教融合协同主体的话语权机制。在共同行动中，合作要求参与机会和权力均等，这意味着体教融合各利益主体能以平等的身份和话语权参与决策的制定。只有在兼顾各主体利益的同时，通过讨论、沟通和协商提升对决策的认同度和接受度，才能增强决策的科学性、民主性和执行成功的可能性。其次，建立体教融合利益协调机制。体教融合各主体走向合作和协同的内在原因和动力是利益，影响协同治理发展的契合度、紧密度和黏合度。依据体教融合各主体责任与义务，在平等与协商的基础上建立成本分担机制并合理分割治理成本。同时，通过政府财政补贴进一步平衡和协调体教融合各主体间的利益，从而实现公平。

资料来源：

王江，马彩珍，赵云霞．中国式现代化背景下学校体育高质量发展研究[J]．体育学刊，2023，30（4）：75-80．

[**知识点回溯**]

学校体育的战略地位集中体现在三个方面：一是学校教育的重要组成部分；二是学校体育是体育发展的基础和重点；三是学校体育是学生适应社会生活的桥梁和途径。

学校体育管理是指用尽可能少的人力、物力和财力，运用最佳的手段和方法，对学校的体育工作进行计划、组织、领导、检查评价和创新的活动过程。其具有全面性、区别性、教育性和创新性的特点。主要管理方法有法律方法、行政方法、宣传教育方法和奖惩方法。

——《新编体育管理学教程》第二版，作者刘兵，P132~136

[**思考题**]

1. 简述不断深化学校体育改革的必要性。
2. 结合案例，为培养学生终身体育锻炼的习惯，学校体育管理者应该怎么做？

二、案例点评

学校体育是建设体育强国的基础，而深化体教融合是对学校体育高质量发展的积极回应和实践探索。2020年，国家体育总局和教育部联合印发《关于深化体教融合　促进青少年健康发展的意见》，其中提出"深化具有中国特色体教融合发展，推动青少年文化学习和体育锻炼协调发展"。2022年，党的二十大报告中明确指出要"加强青少年体育工作"，为学校体育高质量发展指明了方向。学校体育管理工作的有效开展在促进学校体育高质量发展与体教融合协同治理方面发挥着重要作用。

案例中阐述了对当前学校体育与体教融合协同治理中存在的目标一致性形成困难、法律法规存在不足、协同育人过程中权利共享实现困难等问题，明确提出要培育社会力量、完善法规制度、规范责权体系、搭建运行网络四条路径。构建体教融合协同路径的实施，需要加强学校体育的管理工作。学校体育管理者应该在开展学校体育工作过程中遵循整体性、周期性、有序性、规范性、教育性、有效性的工作原则。一方面，要发挥教育教学和体育部门的合力作用，构建权责清晰的管理体系。通过政府组织管理的权威性，不断健全学校体育的工作条例和规章制度，大力强化考核和激励机制。另一方面，要积极引导社会力量参与，在"放管服"的执政方式中引导社会力量参与学校体育管理。例如，发挥社会体育组织的纽带功能，丰富学校体育工作的管理手段与途径，为深化体教融合提供重要的动力。

三、资源链接

［1］张亚平．学校体育教学与管理［M］．北京：中国书籍出版社，2014．

［2］张瑞林．学校体育管理学［M］．北京：高等教育出版社，2014．

［3］杨铁黎，陈雁飞，马凌．课外体育活动指导［M］．北京：高等教育出版社，2014．

［4］王长在，王松，邢金明．多元治理背景下学校体育场地设施治理结构研究［J］．体育文化导刊，2020（12）：38-43，50．

［5］胡玉玺，宋亚伟．体育教学管理系统化工程的构建［J］．教学与管理，2006（30）：74-75．

［6］赵迪芳．高校课外体育活动的管理模式［J］．上海体育学院学报，2000（s1）：114-115．

［7］郝海亭，郇昌店，徐晓敏．我国部分学校体育场馆面向社会开放的管理机制研究［J］．首都体育学院学报，2019，31（3）：221-225．

［8］李存健，赵先卿，李国，等．学校体育管理的自组织观探析［J］．北京体育大学学报，2010，33（11）：79-82．

［9］陈桂祥，赵净．学生体质下降给我们的警示——对当前学校体育管理工作的思考［J］．教学与管理，2004（31）：72-73．

案例 ② "双减"政策下青少年课外体育服务供给的现实困境与行动探索

一、案例简介

"双减"政策下青少年课外体育服务供给呈现出强联动的多元共同体结构。强化青少年课外体育服务供给的立体审思，明确"双减"政策下青少年课外体育服务供给的现实困境，掌握相关部门为改善青少年课外体育服务供给质量做出的行动探索，是提出青少年课外体育服务供给纾困路径的必要前提。

（一）"双减"政策下青少年课外体育服务供给势能不足的现实困境

1. 组织困境：校内资源及社会承载力不足制约青少年课外体育服务的普及性

《中国义务教育质量监测报告》显示，截至2021年，我国共有中小学体育教师77.05万人。按照体育学科占总课程比例11%和体育教师每周15节课时计算，义务教育阶段仍存在体育教师缺编问题，师资力量不足导致校内资源不能及时满足"双减"政策实施后课外体育服务的需求。"双减"政策虽然鼓励社会课外体育培训机构发展，但目前符合政策标准、能够为学生提供高质量课外体育服务的机构仍占少数，且总体承载力不足。

2. 标准困境："双减"政策成效与行业标准的矛盾影响供给内容的公平性

课外体育服务业具有较强的专业性和技术性，涉及青少年的人身健康和安全保障。由于现阶段没有统一的标准规制，课外体育经营活动容易被经营者和参与者的主观意愿左右，短期利益驱动下的供给方式有可能导致服务质量下降。良莠不齐的课外体育服务机构导致课外体育服务内容供给不公平。此外，尚未扭转的应试教育观念致使部分学生迫于升学压力参与课外体育服务，从而造成"增负减效"的课外体育服务供给局面，导致行业发展同政策预期成效相矛盾，影响政策目标的落实。

3. 激励困境：绩效评估及保障问题阻碍青少年课外体育服务推进的有效性

相关数据显示，超过14%的家长反映学校课后服务存在集中授课或补课的现象，有近30%的家长对课后服务内容不满意。这表明，当前课外服务供给与家长及学生的需求存在较大差距。政策试运行阶段，学校用于课外体育服务管理及运行的资金、空间均具有一定的局限性，课外体育服务保障尚存不足。课外体育服务供给需要各方协调共进，但目前仍存在政府部门同社会组织间权责划分模糊、校外培训机构自主选择性较弱、课外体育服务行业监管机制欠缺等现象。

4. 治理困境：数字化与资本化壁垒影响多元主体参与服务共治的协同性

据统计，中国"智慧教育"市场规模由2016年的4960亿元增至2021年的9057亿元，这不仅说明有大批学生参与课外辅导，同时佐证了校外培训资本的逐利性。受新冠疫情的影响，数字化教育成为学校教育的主要手段之一，智慧教育在实现教育资源共享的同时，颠覆了传统的教育模式。线上培训机构资本壁垒化趋势明显，在一定程度上影响了教育的生态公平，破坏了教育事业的公益属性。

（二）"双减"政策下青少年课外体育服务供给动能提升的行动探索

1. "双减"政策与体教融合双重驱动，供给主体不断探索更有效的供给模式

我国关于课外服务研究（图1），最初是以提供"学生看管"与"作业辅导"为主要形式的教学活动，后期逐渐形成以"课程补习"与"兴趣培养"为主要目的的商业活动。新发展阶段，学校体育深化部署了一系列改革措施，以行政手段强化了社会各界对学校体育事业发展的重视，逐步形成了政府筹划、社会协助、学校重视、家长认可、学生主动的新发展格局。在"双减"政策与体教融合的双重驱动下，课外体育服务将在持续推进学生课业减负工作中扮演重要角色。推动课外体育服务发展，联结多方力量，丰富供给主体，优化服务路径，是实现青少年全面健康发展的有效手段。

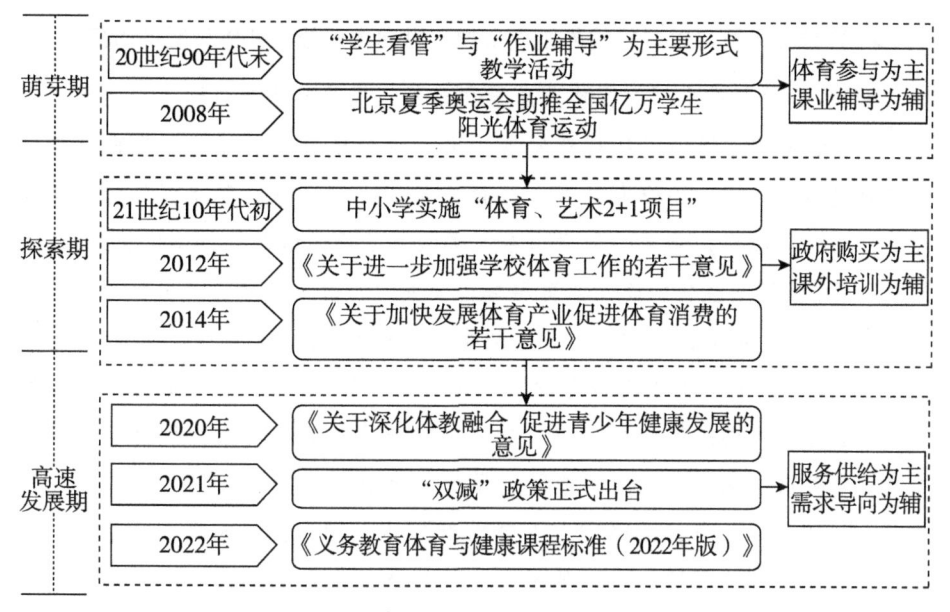

图1 青少年课外体育服务政策的演进历程

萌芽期
- 20世纪90年代末：“学生看管”与“作业辅导”为主要形式教学活动
- 2008年：北京夏季奥运会助推全国亿万学生阳光体育运动

→ 体育参与为主 课业辅导为辅

探索期
- 21世纪10年代初：中小学实施"体育、艺术2+1项目"
- 2012年：《关于进一步加强学校体育工作的若干意见》
- 2014年：《关于加快发展体育产业促进体育消费的若干意见》

→ 政府购买为主 课外培训为辅

高速发展期
- 2020年：《关于深化体教融合 促进青少年健康发展的意见》
- 2021年："双减"政策正式出台
- 2022年：《义务教育体育与健康课程标准（2022年版）》

→ 服务供给为主 需求导向为辅

2. "双减"政策支持体育类培训开展，从顶层设计弥合体育与教育鸿沟

教育部配套文件的实行，将体育同艺术、实践等科目一并归于非学科类培训，享受国家政策支持。《关于提升学校体育课后服务水平 促进中小学生健康成长的通知》提出，要切实发挥体校专业引领作用，组织体校以多种形式支持和参与周边学校的课后服务，丰富课后服务内容，提高课后服务水平。鼓励有条件的地方引进公益类体育俱乐部，依托优质体育资源，落实以"双减"政策推进实现体育赋能教育的目标，补齐当前教育发展短板，以国家顶层设计形式弥合体育与教育鸿沟，扎实保障课外体育服务供给。

3. 关注学生体质以减轻校内作业负担，横向上匹配课外体育服务需求

数据显示，"双减"政策颁布前，全国范围内原有义务教育阶段线下学科类校外培训机构12.4万个。校外学科辅导机构迅速发展，无形中增加了学生的学业负担，严重侵蚀了学生的课余活动时间，甚至破坏了我国原本的教学生态，削弱了学校教育的主体性。课外体育服务供给过程中应突出体育的育人功能，在减轻学生课业负担的同时，增强学生的综合能力，扭转传统教育模式，从而实现"减负增效"。

4. 严禁文化补习以减轻校外培训负担，纵向上延续课外体育服务时间

"双减"政策在全面减少作业总量和时长、规范校外培训行为的同时，鼓励并引导课外体育培训机构规范发展，进一步彰显了国家对义务教育阶段学生体质健康的重视。2022年4月，教育部发布的《义务教育体育与健康课程标准（2022年版）》显示，体育课在义务教育阶段的课时总占比中位列第三。国家政策法规不断强化和提升体育学科在义务教育阶段的地位，引导家长关注学生体质问题，纵向凸显"双减"时间维度的前瞻性、主动性和计划性。

"双减"政策下要达成为青少年"增能减负"的实效，需要对青少年课后体育服务供给模式展开全方位、立体化的理论及实践研究，针对青少年课外体育服务供给现实症结，把握促进青少年全面发展的核心观念，聚焦"以体育人"的目标任务，围绕"怎么供给好"这一问题，形成家庭、学校、社区、企业和政府"五位一体"的多元主体协作，为青少年课外体育服务营造更广阔、更安全、更健康的环境，以促进新时代青少年全面健康和优质成长。

资料来源：

闫静，温雨竹，袁凤梅，等．"双减"政策下青少年课外体育服务供给的现实困境与纾解[J]．山东体育学院学报，2023，39（5）：13-22.

[知识点回溯]

学校体育管理应遵循方向性原则、整体性原则、高效性原则、教育性原则。课外体育活动是体育课教学的延伸，是培养学生养成终身体育习惯的重要途径，是学校体育工作的重要组成部分。

——《新编体育管理学教程》第二版，作者刘兵，P134～135，141

[思考题]

1. 简述"双减"政策下课外体育服务的困境。

2. 结合案例，"双减"政策的实施为课外体育服务发展带来哪些红利？"双减"政策下，课外体育服务管理需要注意哪些问题？

二、案例点评

课外体育服务是体育教育教学的延伸与补充，是学校体育工作的重要组成部分，也是促进学生体育观念、体育习惯和体育能力形成的重要途径。课外体育服务管理是引导课外体育活动稳定、有序进行的基本保障，对有效开展课外体育服务尤为重要。

"双减"政策的实施为学校体育发展带来了新契机，促使课外体育服务形式更加丰富多彩。同时，"双减"政策下的课外体育服务在组织管理、标准实施、绩效评估、治理手段等方面仍存在问题，会影响学生自觉进行体育锻炼的意识、习惯和能力。《中共中央 国务院关于加强青少年体育增强青少年体质的意见》提出，中小学要全面实行大课间体育活动制度，开展课后一小时体育锻炼活动并将其列入教学计划。从政策上看，把课外体育活动纳入学校日常教学计划，建立课内外一体化管理体系是规范课外体育服务活动进行计划、组织、领导与控制的重要举措。这需要将课外体育活动管理纳入学校体育发展规划中，健全与完善课外活动管理的规章制度，明确课外体育活动的发展目标，严格依照《国家体育锻炼标准》，宣传课余活动对学生身心健康发展的重要性，规范课外体育活动场地设施，加强对体育教师的培训与指导。

此外，评估工作是管理工作的重要一环，是实现管理目标的必要手段。学校体育管理中通过绩效评估可以找到问题所在、优化学校体育管理的方式方法，从而提高实现学校体育高质量发展目标的效率。"双减"政策虽然给体育发展带来了契机，但仍然出现了校外学科类培训机构野蛮生长的现象，学生的学业负担和家长焦虑并未真正减少。因此，必须深化教育评价改革，强化学校体育管理的评估工作，规范学校体育管理评估的程序与方法，对课外体育活动、学生体质健康状况、体育教学工作、体育场地、经费等实行全面绩效评估，促进其健康有序发展。

三、资源链接

[1] 体育总局办公厅，教育部办公厅，发展改革委办公厅．关于提升学校体育课后服务水平 促进中小学生健康成长的通知［EB/OL］．（2022-07-06）［2024-

01-28］．https：//www.gov.cn/xinwen/2022-07/06/content_5699556.htm.

［2］国家体育总局青少年体育司．深化体教融合 推进青少年体系建设［EB/OL］．（2022-04-29）［2024-01-28］．https：//www.sport.gov.cn/qss/n5021/c24251867/content.html.

［3］教育部．义务教育体育与健康课程标准（2022年版）［EB/OL］．（2022-03-25）［2024-01-28］．https：//www.gov.cn/zhengce/zhengceku/2022-04/21/content_5686535.htm.

［4］黄建军．中小学体育管理模式探讨［J］．体育文化导刊，2013（6）：97-100.

［5］李存健，赵先卿，李国，等．学校体育管理的自组织观探析［J］．北京体育大学学报，2010，33（11）：79-82.

第六章
社会体育管理

　　社会体育是指以增进身心健康为主要目的，由广大群众根据业余、自愿、灵活、多样的原则所开展的体育活动。在我国，社会体育由各级政府直接管理，同时依靠群众组织、社会团体、基层单位参与管理。社会体育管理，就是指为推动社会体育发展，对开展各种社会活动有关的因素和资源（人力、财力、物力、时间、信息等）进行计划、组织、控制、协调、指导等，以期达到社会体育总体目标的综合活动。其具有管理目标多样、管理边界模糊、管理系统复杂和管理体制社会化趋势等特征。社会体育管理过程中，需注重效益、重在服务；抓住重点、协调发展；依法行政、管办分离；以人为本，做到亲民、便民、利民等问题。当前，社会体育管理正沿着全面走向社会化、提高科学化、管理多样化等方向不断发展。

　　社区体育和农村体育是社会体育管理工作开展的关键立足点。社区体育工作的主要任务是：采用多种方式，发动、引导、组织社区成员开展经常性的体育健身活动，提供多样的体育服务，满足社区成员的体育需求，使其增强体质，提高身心健康水平和生活质量，从而建立文明、健康、科学的社区生活。农村体育工作的主要任务是：普及群众性体育活动，提高广大农民的身体素质和科学健身知识，从而为丰富农民的业余生活和对农村的两个文明建设起到推动作用。

　　本章立足于社区体育管理和农村体育管理，分别选取"家门口的好去处"和"从自发公益到制度公益：群众体育运行中的郇村个案"两个案例，使学生能够了解社会体育管理的概念和特征，把握社区体育和农村体育管理的原则和要求，并从中获得有效解决社会体育问题的管理经验。

案例 ① 家门口的好去处

一、案例简介

上海师范大学特聘楼嘉军教授长期研究城市休闲功能的发展，近年来更多地将目光投向"家门口的好去处"。他基于自身对市民在家门口的休闲生活需求和休闲生活方式的新观察，提出了社区层面助益市民生活品质提升的路径。

（一）休闲健身是市民生活中的"刚需"

居住在上海的楼教授，在条件允许的情况下，每天都会和爱人下楼散步。他发现，在小区的不同区域，都有各种年龄段的居民在散步、锻炼、休闲。而在疫情期间，为配合足不出户的疫情防控要求，很多邻居充分利用起自家的内部空间，开展形式不一的运动和休闲活动。这些活动不仅让大家保持健康和活力，而且在很大程度上缓和了因疫情的不确定性产生的情绪。此外，微信群、公众号、视频号、抖音、小红书等线上内容发布平台，成为传播和倡导健康生活观念和休闲生活方式的主阵地。在不少由小区业主构成的微信群里，大家每天交流的内容由一开始的各种通知信息发布、生活物资集订，随着邻居之间的互相熟悉、生活中燃眉之急的缓解，逐渐转变成各种健康生活类信息的转发。不经意间，大家惊喜地发现，身边俨然成为各路"厨艺达人""生活达人""手艺达人"的藏龙卧虎之地。他们的分享生动有趣、接地气、实用性强，因此非常受欢迎。这些交流不仅活跃了群里的气氛，增进了邻里之间的友谊，更加强了彼此共克时艰的定力和勇气。

（二）社区休闲设施要用好、用活、用充分

一边是人民群众的休闲生活刚需，一边是大家出行不易或者条件受限。关于这道难题的化解，楼教授提出了三点建议。

其一,"家门口的好去处"应突破既有的空间形态,实现固态设施以外的内容和功能延伸。

活动形式需要延伸和变化,活动影响力及其社会效益也要能够延伸和变化。在这方面,突破既有的理念,打开思路,利用尽可能多元的技术和活动形式,把既有的固态设施和智力资源用好、用活、用充分非常重要。由于城市内部的空间终究有限,尽力挖潜社区空间资源后,得以转化为"家门口的好去处"的空间更是有限,所以在塑造完固态设施之后,应思考如何让它们尽可能地提升使用效率、放大社会效益。

其二,在打造"家门口的好去处"时,应通过恰到好处的设计与布局,把空间尽可能地留给市民进行互动和交流。

通常来说,大部分"家门口的好去处"所在基地的空间都不是很大,非常考验设计者"螺蛳壳里做道场"的功力。一度,我们的设计比较注重空间设计的视觉效果,有一种尽可能让空间看上去更漂亮、更艺术化、更有显示度、更易给参观者留下深刻印象的倾向。这种倾向本身并没有什么问题,但鉴于空间资源的稀缺性,如何为空间后续用好、用活、用充分创造条件,显得更为重要。因此,设计者应尽可能给市民活动、互动留足空间,为空间本身的丰富性、可变性留下更多的可能性。

其三,"家门口的好去处"的服务要更精细、更具体。

社区层面未来在市民休闲生活中提供更精细、更具体的服务是一个发展方向。"家门口的好去处"本质上是一个载体、一个平台。它在社区中的聚合力就是它的生命力。要想发展得好,"家门口的好去处"一定要扎根社区。提供居民需要且价值感高、满意度高的服务,只有做好"家门口的好去处"的"好",方才有了立身之本。

(三)线上、线下联动为"家门口的好去处"打开更广阔天地

楼教授表示,如今微信小程序、各种手机应用程序发展、完善得很快,也为"家门口的好去处"的服务和运营提供了可以借力的信息技术手段,若利用得好,可以使服务如虎添翼。因此,通过社区文化休闲活动在线服务平台,能够更方便地获得各种倡导健康休闲生活的信息,参与甚至发起形式多样的线上、线下的社区文化休闲活动,也会成为家门口休闲生活的重要组成

部分。

每个"家门口的好去处",都是一个平台,能为周边的居民提供一个交友、交流、丰富生活内容、提高生活品质的空间载体。如今在社区中颇为活跃、广受好评的"团长""达人"都可以来此发挥能量,发起各种有趣、有格调及"俱乐部"化运动的活动,为社区也为自己的美好生活添砖加瓦。从发展的角度来讲,线下的实体空间是有限的,但线上的活动和内容可以是无限的。因此,线上、线下联动有望为"家门口的好去处"打开一方更广阔的天地。

(四) "家门口的好去处"的努力目标是"好环境"

未来,要想让"家门口的好去处"成为"好邻居"的新聚点,楼教授认为,一方面,"家门口好去处"要以成为"好环境"为目标,以"好环境"吸引人、汇聚人;另一方面,"家门口的好去处"不妨为社区中的各路达人创造一方展示才华、传播智慧的舞台。除此之外,"家门口的好去处"不能仅是一栋好建筑、一个好花园,更不能局限于被社区中的一小部分居民(如老人)喜爱和使用,而应该是"好环境"的一部分。这里说的"好环境",不是指生态环境,而是指社区层面的人文休闲环境。好的社区人文休闲环境本质上一定包括文明友善的居民、和睦相处的邻里关系、制度化的社区治理与公共服务等。有了这样一系列"软环境"做基础,相信更多居民会怀抱着更大的勇气和安全感走出家门,并愿意为社区贡献属于自己的智慧和能量。

(五) 文旅行业发展为"家门口的好去处"提供参考

根据楼教授的长期观察,有两个文旅行业涌现出来的新现象可以为未来打造更好的"家门口好去处"提供参考。一个是利用在线的形式和技术(包括虚拟现实技术、大数据技术、语音图像转播技术等),把线下旅游中的一部分内容转化为全新的"云休闲""云经济";另一个是如今有不少熟悉上海历史文化典故的达人入驻微信视频号、哔哩哔哩、抖音,收获了大量粉丝和流量,也开发出一系列体现"海派城市考古"特点的都市旅游产品。这些新现象普遍贴近年轻消费者的喜好和脉动,叙事方式平易近人又不失格调,内容传播的方式和节奏很容易引发观众的共鸣。同理,在"家门口的好去处"的建设中，各管理者应该充分创造各种条件、机会和平台，发现、培育、扶持、推荐出一批风格迥异的"家门口的达人"，促使社区居民的休闲生活更加有声有色、有滋有味，更上一层楼。

资料来源：

柳森.重新发现"家门口好去处"[N].解放日报，2022-07-03（7）.

[知识点回溯]

我国城市社区体育主要指，在街道办事处的辖区内以自然环境和体育设施为物质基础、以全体社区成员为对象、以满足社区成员的体育要求、增进社区成员的身心健康、就地就近开展的区域性的群众体育活动。社区体育具有区域性、民间性和平等性的特征。社区体育管理的原则主要有区域性原则、合作性原则、自主性原则、因地制宜原则、兼顾性原则、激励性原则等。

——《新编体育管理学教程》第二版，作者刘兵，P175～177

[思考题]

1. 简述社区体育的定义和特征。
2. 结合案例，试述打造"家门口的好去处"的举措。

二、案例点评

社区体育是建设和谐社区的重要手段，是贯彻生活体育理念的重要载体，是满足人民美好生活需求的重要途径。社区体育管理应该以满足居民的体育需求为基本出发点，不断提升居民的生活水平和幸福感。

案例中楼教授通过观察居民在家门口的休闲生活需求和休闲生活方式，提出了从社区层面完善"家门口的好去处"建设与管理的做法。楼教授明确指出，一要突破社区固有的空间限制，充分完善社区的基本设施建设；二要注重社区环境的建设，除了优化自然环境之外，也要注重人文环境的建设；三要提供更为精细化、人性化的社区服务；四要结合线上、线下的共同作用，丰富居民生活内容，提升居民生活品质。不仅如此，楼教授强调休闲健身是居民的刚需，对此，需要不断加强社区体育管理，致力于满足居民体育健身的要求，增进居民的身心健康，提升居民生活质量。

社区体育管理依赖于社区体育组织。一般情况下，我国社区体育组织主要分为"自发性社区体育组织"和"正式体育组织"。社区体育组织的基本工作主要包括制定社区发展规划和工作计划，做好社区体育活动场地和设施修建、维修、改造等工作，积极组织社区体育活动等。充分发挥社区体育组织作用，有利于开拓思路、创新举措，以便更好地满足不同人群的体育需求，推进全民健身蓬勃发展。

社会体育指导员也是进行社会体育管理中的重要角色，在实际工作时应时刻谨记遵纪守法、举止文明、热情服务、热爱工作等职业道德，同时不断丰富自身的法律法规、体育管理、体育健身、道德伦理等相关基础知识。此外，所有从事社会体育事业的相关工作者，在进行管理工作时要以人为本，立足居民体育需求，从实际出发，相互合作，充分展示便民、为民、惠民的人性化管理精神和原则。

三、资源链接

[1] 李春兰. 现代新型社区的建设管理与项目开发研究 [M]. 北京：中国社会科学出版社, 2016.

[2] 王凯珍, 汪流. 社区体育 [M]. 2版. 北京：高等教育出版社, 2018.

[3] 住房和城乡建设部办公厅, 体育总局办公厅. 关于开展"国球进社区""国球进公园"活动 进一步推动群众身边健身设施建设的通知 [EB/OL]. (2023-06-14) [2024-01-28]. https://www.gov.cn/zhengce/zhengceku/202306/content_6886919.htm.

[4] 体育总局办公厅, 发展改革委办公厅, 财政部办公厅, 等. 全民健身场地设施提升行动工作方案（2023—2025年）[EB/OL]. (2023-05-26) [2024-01-28]. https://www.gov.cn/zhengce/zhengceku/202306/content_6884623.htm.

[5] 国家体育总局体育经济司. 2022年全国体育场地统计调查数据 [EB/OL]. (2023-03-23) [2024-01-28]. https://www.sport.gov.cn/n315/

n329/c25365348/content. html.

[6] 国家发展改革委. "十四五"新型城镇化实施方案 [EB/OL]. (2022-06-21) [2024-01-28]. https://www.gov.cn/zhengce/zhengceku/2022-07/12/content_5700632.htm.

[7] 丁方凯, 赵雪峰. 社区体育治理能力现代化困境与纾解 [J]. 体育文化导刊, 2021 (6): 26-32.

[8] 刘京, 刘应民. 均衡与重构：城市社区体育风险治理的破壁之道 [J]. 武汉体育学院学报, 2019, 53 (3): 18-24, 44.

[9] 刘次琴, 胡科. 我国社区体育发展存在的问题及改革措施 [J]. 体育文化导刊, 2018 (12): 40-44.

[10] 祝良. 我国城市社区体育治理体系构建和治理能力现代化推进研究 [J]. 沈阳体育学院学报, 2018, 37 (5): 75-80, 111.

[11] 向祖兵, 李骁天, 汪流. 社区—社会体育组织—社会体育指导员联动运行机制研究 [J]. 北京体育大学学报, 2017, 40 (9): 23-28.

案例 ② 从自发公益到制度公益：群众体育运行中的郓村个案

一、案例简介

基层群众体育运行中，以互益、公益性质存在的服务较为普遍。群众体育参与的自发性行为，论证了社会处于"自组织"演进的复杂性特征，也提出了更为严峻的问题，即公共服务管理的复杂性和艰巨性。本研究选取位于山东省临沂市临沭县店头镇郓楮林村作为调查对象，并按照社会学的传统为其取学名为"郓村"。

（一）郓村自发性群众体育活动发展历程概述

1. 缘起：不经意的点点星火

自发性群众体育活动很多都是在不经意间兴起的，但兴起的事实昭示了基层群众具有迫切的体育健身需求。2011 年秋，临沭县蛟龙镇的一位农村妇女考虑到远嫁他乡的女儿在家中无事可做，就来到闺女家，动员了几个整天在家看孩子的妇女（最大的 51 岁，最小的 26 岁），利用晚上的时间在不足 5 米宽的村巷里跳起了简单的健身舞。没有想到，这一不经意间的举动彻底诱发了该村妇女参与体育健身的热情，仅仅不到半个月的时间，跳舞用的村巷里便已无法容下参与健身的人群。参与人中，不仅包含妇女，而且有很多在学校读书的青少年儿童。该村健身时间集中于晚上，随季节的变化而合理调整健身时间，每天活动结束之前，组织者会与参与者交流，并对后续健身活动的相关事项予以告知。

这一时期是郓村自发性群众体育活动的萌芽期，在村民具有一定的闲暇后，依靠外来力量的带动实现了发展。但其展示了传统农村乡土社会中，已蕴含较为强烈的体育健身需求，而且这种需求更容易在符合乡序民俗的活动中体现出来。郓村的实践属于典型的民间兴起的"自下而上"的行为，而且起源于某层的草根行为，使这种行为具有较好的群众基础和文化认同前提，很好地应对了现代体育文化在乡土社会中的认受性问题。

2. 困难：前进中的种种问题

郇村的自发性群众体育活动，从开始就遇到了系列问题。类似的自发性群众体育的发展进程也是问题解决的过程，如果问题能够得到解决，群众体育活动就会延续下去，反之就停滞。由于自发性群众体育活动没有进入政策视野，所以也难以获得体制内的资源注入，主要依靠自身解决。

随着健身人群的增加，健身场地设施短缺的状况已经成为制约郇村群众体育活动持续发展的重要障碍。参与锻炼的村民只好另寻适合健身的场地，这时靠近村街、家门口广阔的郇昌学主动提出自己修整门前的道路，供村民健身娱乐使用。该场地以村道为主向两边拓展，形成了一个占地面积80平方米左右的水泥健身场地，一次能够容纳20多位村民进行健身活动。场地短缺的问题解决以后，健身队又面临着器材稀缺的问题。以前使用的小录音机的播放效果已经无法达到满意效果，没有音乐，健身舞蹈就没有节拍，无法做到整齐划一。这时，有一位村民就将自己结婚时买的音响捐献出来，虽然有点老旧，但是基本上能够满足播放健身音乐的需求。健身场地、器材等问题解决后，"音乐重复、无舞可跳"的问题又接踵而至，郇村健身会意识到不能老让别人从老远的地方赶来教跳舞，其中一位村民就利用自家的网络便利，下载了一些音乐和视频，组织一些人在家里看，成了名义上的社会体育指导员。

上述种种问题，是很多自发性群众体育组织发展都可能遇到的问题，而此类问题的解决，大多是参与者利用自身的资源予以解决，这更多需要自发性群众体育活动的参与者和相关人员的无私奉献，体现了参与者对无意识的"自发公益"的认可和参与。

3. 嵌入：服务普惠全民

伴随国家对群众体育重视程度的提高，尤其是2009年《全民健身条例》的颁布对规范地方政府投入具有重要约束性，实现了全民健身软法治理形式向硬法治理的转变。基于法律制度的不断完善，地方政府履行公共服务的积极性进一步提高，加大了对农村地区文化、体育等发展性公共服务的投入力度。

类似郜村自发性群众体育活动中遇到的困难，虽然通过个体的奉献可以解决，但是却不具有可持续性。这种情况下，政府的介入显得非常重要。该村委会主任看到村民健身需求无法满足的情况，积极向镇文体站汇报争取支持。此时，正值该县文化和体育系统联合组织开展全县健身舞蹈培训，该村通过镇文体站向县教育体育局积极反映，争职到 6 个培训名额。2012 年底，在县文化体育中心进行为期 3 天的集中培训，由于村民都有健身经历，在专业教练的指导下进步得很快，全部获得了三级社会体育指导员证书。

县文化局和县教育体育局在推动公共文化体育服务建设过程中，与该县生产复合肥的上市公司合作，为健身活动开展较好且设备急缺的农村提供必要健身设备支持，新设备于 2013 年 4 月已经到位。

郜村村委会考虑到村民健身场地依旧缺乏，规划将郜昌学门前的沟壑全部硬化，并给予每季度 200 元的电费补助，同时确立了体育器材的专项管理人制度。此外，郜村健身组织筹备体育协会，利用村里走出去的"政治精英"获得了体制内的资源注入，与县体育总会和社会体育指导员协会初步达成了合作协议，将郜村作为一个点向周围村落扩展。

4. 提升：体育与文化的结合

郜村自发性群众体育发展过程中受到"春节祭祖""婚嫁丧娶"等民俗节庆和红白喜事的影响，郜村每年大年初一都会举行祭祖活动，需要选拔秧歌队。群众跳健身舞蹈时，是现代音响设备播放健身舞蹈的配乐。等健身活动结束，传统的锣鼓器械上场，秧歌队又排练秧歌。有时候，村里有人结婚，也会请这些人表演一段，由此可见，该村的健身活动已经有效嵌入了村民的日常生活，这对农民体育健身的可持续性具有重要意义。

持续性的健身活动、政府的支持，使郜村居民的健身热潮被彻底点燃，一到晚上五六点，村民自发地到健身点集合，唱歌跳舞。郜村村民的健身场地形成了社会学意义上的"公共空间"。

（二）案例讨论

郜村的案例呈现一个从自发公益到制度公益发展的进程，在这一进程中，呈现了自发性组织的体育诉求和自上而下的精英制度设计间的契合。尤其是这一发展是在我国轰轰烈烈的"农民体育健身工程"的进程中完成的，郜村未推广篮球和乒乓球运动，却无意识中普及了女性参与的健身舞蹈。

图1由4个关键点（1代表村民自发活动；2代表遇到场地设施、指导等困境；临界点3代表政府等组织的有效介入；4代表体育与其他活动的结合）和政府的潜在资助行为构成，其中"低谷""高潮"分别描述自发性群众体育活动发展的状态。

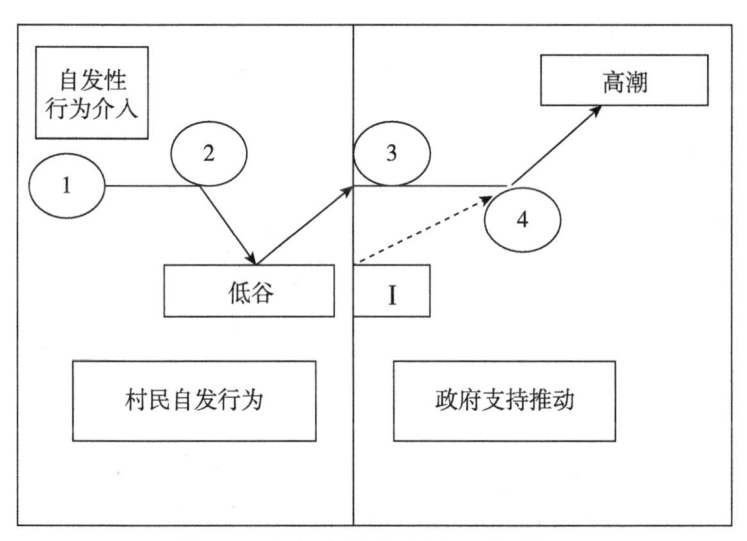

图1　农村自发性体育发展的关键路径

从图1可以看出，当村民接受来自外界的自发性行为引导后，可能和自身具有的某种需求形成共鸣，进而形成"关键点1"自发性群众体育活动的冲动，依靠形成的动机以自愿服务的形式进行支撑，当自愿服务不足（表现为"关键点2"），来自民间的资源服务无法继续完成对该项活动的支撑时，自发性群众体育活动就会出现行为下降的趋势，即体现为体育活动发展的低谷现象。这时单纯靠村民自发的供给已经无法发挥积极效应，需要外部力量（政府力量、社会力量）的有效介入，体现为"临界点3"政府体育行政部门积极推动其他组织联合提供服务，对处于低谷的健身行为进行扶持，进入正常轨道。在"临界点3"，社会自发公益实现了向制度公益的转变，使自发性的群众体育活动获得了持续发展的机制保障。"关键点4"代表农村体育活动与文化活动的有机结合，实现了体育活动发展的高潮。"潜在政府行为Ⅰ"指出了以政府为主体的各类投资主体，在农村缺乏必要的体育活动基础等生态土壤的情况下,通过"项目进村"等形式,对农村体育文化形态进行培育。

1. 外部行为的介入,必须适应原有的乡序民俗

从邹姓占据村民绝大多数的状况可看出,邹村作为一个较为封闭的农村社区,是一个结构稳定、观念相对保守和外来事物很难融入的公共空间。该村自发性群众体育活动的外部因素介入,也是通过"母亲与外嫁女儿"这种"姻亲"的伦理关系实现的,有异于政府"自上而下"的政策推动。这种通过"姻亲"的文化输入,很好地解决了内部文化对外来文化的排斥,由于超稳定的社会伦理结构,自发性群众体育活动一旦传入后,其生命力会因为该村超稳定的社会伦理结构得以强化,从而使之具有较强的吸引力。

2. 政府服务的有效供给,应解决群众体育运行中的困难

对于自发性群众体育组织发展面临的困难,政府恰当的供给发挥了极为重要的作用。从邹村自发性群众体育活动的发展实践来看,此类组织需要政府等外部力量解决的困难并不是很多,有时候都不知道是否应该向上级反映和提出要求。

邹村个案呈现的音响设备支持和健身指导员培训等,不仅体现了政府针对性供给公共体育服务,也体现了该县企业浓郁的社会责任感。政府等外部主体在自发性群众体育活动开展的过程中,更多要扮演"引导"而不是"主导"的角色,这样不仅有利于资源的优化配置,而且对群众体育活动的发展具有至关重要的意义。

3. 政策推行中适当改造,体育的低认受性需要世俗文化的引导

农村公共体育服务发展的重点在基层,但基层民众对体育认受性较低。由于认知的差异,形成了"政策热情与民众冷淡"的反差状况,这种情况在我国"农民体育健身工程"中也有所体现,政府集体决策形成的"篮球、乒乓球"进村的逻辑受到漠视,体现了异质文化进入乡土社会的障碍。

从邹村的实践中可以看出,虽然村民对体育的认受性较低,但是在实践中没有必要考虑归属于体育抑或文化的问题,因为其健身活动的效果直接呈现了全民健身的要旨。而健身舞蹈与民间固有的秧歌相融合后颇受群众喜爱的状况,更多是传统文化与现代文明间一种无意识的交叉、融合,促进了低认受性的体育活动在农村地区的广泛传播。

这为我国农村地区体育项目的发展提供了思路。我国农民体育健身工程以篮球场和乒乓球台的统一规格弥补农村体育设施短缺的实践,确实发挥了一定积极作用,但是在文化复杂、习惯依赖和地域结构不一的农村,有必要对供给项目进行调整,使地方政府具有一定的自主权,这对村民群体的接受具有一定意义。

郇村的自发性群众体育活动发展体现了3个关键词:自发、奉献和扶持。郇村体育活动的出现完全是自发行为介入的自我实现,缺乏常规政府等正式系统外部力量的介入。在发展过程中,体现了明显的奉献意识,但是村民的自发行为需要政府的必要扶持才能发挥最大作用。在外部异质文化融入较难的社会结构下,通过民间自我认同的途径形成了自发性体育活动的氛围,在具有血亲、伦理关系的社会组织中,成员通过自我供给奠定了自发性体育活动发展的基础。其发展过程中呈现出的问题亟待外部力量的介入,形成了较为强烈的社会需求,使政府的投入效应得以最大化的实现。

资料来源:

郇昌店. "自发公益—制度公益":群众体育运行中的郇村个案[J]. 武汉体育学院学报,2014,48(1):29-33.

[知识点回溯]

农村体育的组织管理工作内容:制定农村体育的发展规划;制定农村管理工作制度;加强农村社会体育指导队伍的建设和管理;进行农村体育工作的监督、检查、评比;组织开展农民体质测试工作;建立和完善农村体育竞赛制度;组织开展农村体育的科学研究。

加强农村体育活动管理的形式:加强宣传,营造农民良好的体育意识氛围;充分发挥乡镇企业的龙头作用;发挥乡村干部和体育骨干的带头作用;组织丰富多彩的体育活动和体育竞赛;组织"全国体育先进县"的评选,以参评促发展;制定切实可行的农村体育活动计划。

——《新编体育管理学教程》第二版,作者刘兵,P179

[思考题]

1. 简述农村体育的特征。农村体育活动管理的主要表现形式有哪些？
2. 结合案例，简要回答郇村自发性群众体育活动发展历程中遇到的困难。他们是如何解决的？从中我们可以获得哪些农村体育活动管理的启示？

二、案例点评

当前，我国农村体育管理的主要任务包括，增强农民体育意识，建设适合农村现状的群众体育活动组织体系，完善农村体育场地设施，以及发挥农村乡村政府干部和体育骨干的带头作用等。郇村在农村体育管理中，从自发公益到制度公益的过程中，不断进行创新性的尝试。

自发公益阶段：郇村自发性群众体育活动的萌芽得益于外来力量动员——几户妇女在空间有限的村巷里跳健身舞，进而激发众多农民的参与热情。可见，自发公益阶段促使农民形成主动参与体育活动的意识尤为重要。此外，郇村自发公益期间不可避免会遇到健身场地设施短缺、器材不足等问题。这些问题主要是通过个体的无私奉献来解决的，如村民郇昌学主动提供家门口道路解决场地问题、村民捐献家中音响解决器材问题，以及村民自己通过网络媒体自学健身舞来教大家跳舞。但完善农村体育场地设施、改善农民体育锻炼条件，仅通过农民个体的奉献，无法得到可持续性的解决。

制度公益阶段：政府行为的积极介入，能够有效解决场地、器材、健身指导者不足等问题，推动郇村自发性群众体育活动向制度公益的转型。一方面是郇村的村委会主任向镇文体站汇报，并且在县教育局的支持下，郇村的村民获得培训的机会并得到专业的社会体育指导员证书。另一方面在政府的推动下，郇村得到县生产复合肥上市公司的支持，给村民提供充足的健身器材和音响等专业设备。此外，郇村的村委会还进一步完善郇昌学门前用于体育健身使用的场地，并确立体育器材的专项管理人制度。可见，制度公益阶段的农村群众性体育活动的发展离不开政府行为的有效嵌入。

综上所述，为进一步优化农村体育活动的管理，需要在落实政府制订的切实可行的农村体育活动计划过程中，加强乡镇企业的支持力度，发挥乡村干部和农村体育骨干的带头作用，组织多元化的体育活动，提升农民自主锻炼的意识。

三、资源链接

［1］薛孝恩，荆永根．农村体育管理与农民体育活动［M］．北京：中国社会出版社，2006．

［2］秦尉富．城市化背景下农村体育的多维分析与发展研究［M］．北京：新华出版社，2010．

［3］体育总局，中央文明办，发展改革委，等．关于推进体育助力乡村振兴工作的指导意见［EB/OL］．（2023-05-22）［2024-02-19］．https：//www.gov.cn/zhengceku/202306/content_6888286.htm．

［4］农业农村部，体育总局，国家乡村振兴局．关于推进"十四五"农民体育高质量发展的指导意见［EB/OL］．（2022-06-27）［2024-02-19］．https：//www.sport.gov.cn/n315/n20001395/c24408169/content.html．

［5］中共中央办公厅，国务院办公厅．关于构建更高水平的全民健身公共服务体系的意见［EB/OL］．（2022-03-23）［2024-02-19］．https：//www.gov.cn/zhengce/2022-03/23/content_5680908.htm．

［6］刘少强，侯京卫，乔璐，等．我国农村体育发展的制度困境与对策［J］．体育文化导刊，2021（8）：27-33．

［7］李爱菊，张毅，涂金龙．公众参与政府农村体育管理探析［J］．西安体育学院学报，2014，31（3）：312-315．

［8］周建新．我国农村体育组织管理的特征［J］．体育文化导刊，2012（4）：17-18，28．

［9］蒲毕文，邓星华．我国农村体育发展研究［J］．体育文化导刊，2023（12）：24-30．

第七章
运动训练管理

运动训练管理是指在运动训练组织中，为了实现运动训练的预期目标，以教练员和运动员为核心所进行的各种协调活动。该活动主要由人力、财力、物力、时间、信息等要素构成。

人是管理的核心，运动训练管理中的核心因素是教练员和运动员。运动训练管理过程，是一个包含运动员从选拔到成材，其中涉及培养、教育、医疗、保险、财务等众多因素共同作用的管理过程，具有整体性、动态性、开放性和环境适应性的特点。运动训练管理体制则是指运动训练管理过程中运动训练组织机构的设置、责任与权限的划分以及保证组织系统运行制度的总称，具有客观存在性、层次性和时代发展性的特点。

由于我国举国体制的特性，我国运动训练管理体制形成了三层训练网结构，基层的运动训练管理包含业余训练队、中小学代表队等，中间层包括竞技体育运动学校、体育中学等，高层代表着我国最高水平的运动员。随着时代的发展，我国运动训练管理体制也在不断地摸索创新，创新的着眼点在于运动训练资源的合理配置。可分为三种形式：一是完全在计划条件下配置的资源；二是完全依托市场来进行调控资源的配置；三是把以上两种体制形式融合起来，形成互补。

本章通过"'近亲繁殖'：我国优势项目教练员群体的社会学研究"的案例，阐述教练员从事运动训练管理应具备的基本素质和专业能力，了解教练员管理的内容。通过"东京奥运力斩七金背后——中国举重强大的奥秘"的案例，了解运动训练管理中的运动员，掌握运动员管理的内容和方法。

案例 ① "近亲繁殖"：我国优势项目教练员群体的社会学研究

一、案例简介

在奥运战略实施过程中，我国竞技体育领域逐步形成了自己在奥运会上争金夺银的优势项目，其中乒乓球、羽毛球、跳水、体操、射击、举重和女子柔道这 7 个运动项目在 1984—2012 年 8 届奥运会中获得的金牌数占中国代表团所获金牌总数的 78.1%。

在人们对优势项目获得成功的理论解释中，教练员是体育界公认的最重要因素之一。一个教练员带一批运动员，一批教练员就可以带动整个项目的发展。可见，竞技体育能不能上去，教练员队伍是最重要的一个环节。在我国优势项目教练员人才梯队建设中，很多学者指出，教练员代际传承中存在的突出问题之一是"师傅教徒弟，徒弟又教徒弟"的"近亲繁殖"现象。我们知道，"近亲繁殖"原为生物学用语，现喻指某些单位人才世代相袭、缺乏交流和创新的一种现象。可见，"近亲繁殖"是不利于人才培养和技术创新的。因此，很多学者认为"近亲繁殖"是阻碍我国竞技体育可持续发展的主要因素之一。

可是，尽管"近亲繁殖"现象不被人们看好，这样一种现象却长期存在于我国的优势项目中。既然我国优势项目教练员代际传承中的"近亲繁殖"现象是一种客观存在的社会现象，因此，我们需要关注这一现象，并对它进行深入研究。

（一）"近亲繁殖"与优势项目之间具有一种亲和性

如前所述，中国竞技体育取得辉煌成绩的一个关键原因是我们拥有许多培养世界冠军的教练员。然而，当深入这些运动队时，我们会发现一个共同特点，即这些优势项目中的教练员几乎都是一些优秀运动员退役之后适时地转变了身份和角色，成为队里的教练员，而再由他们教出的比较"亲信"的弟子及师兄弟等在退役之后继续留在运动队中当教练员，如此延续至今，即人们所谓的"近亲繁殖"。

（二）优势项目运动队中的"近亲繁殖"是一种特定的宗族现象

优势运动项目运动队中的"近亲繁殖"呈现出的是这样一种现象，即由某个初始的教练为中心建立的拟似血缘群体。例如，乒乓球项目中由傅其芳教练为中心，带出了容国团、徐寅生、李富荣、张燮林等运动员，之后又以这些徒弟留队当教练继续带运动员，教出了诸如蔡振华、陆元盛、施之皓等选手，再往后由蔡振华等一批队员做教练，教出了邓亚萍、陈静、乔红、刘国梁、孔令辉等队员，而目前以刘国梁等运动员留队作为教练员再继续执教；又如体操项目中，从最初由宋子玉执教经韩毅、陆恩存、朱启平等队员再延续到张健、高健等队员，之后又延续到黄玉斌；其他优势项目跳水、射击、举重等均有类似的发展路径，只是历史的长短和程度的轻重会有不同。

在这些优势项目中，人们均可以顺藤摸瓜地找到这一批批的运动员的教练，以及他们教练的教练，并可以发现这样的代际传承形成了以某个初始教练为中心，以拟似血缘为主线的"继嗣群"，即一种拟制的宗族。在这个拟制的宗族里，一个突出的表现是每一任总教练（有的项目中并没有总教练，而称为领队）在很大程度上都是上一任总教练的嫡传弟子或同门师兄弟（当然也有其他不同的情况）。可见，当我们观察优势项目运动队"近亲繁殖"的路径时，可以发现这条路径所体现出来的是一个（拟制）宗族。

社会学中的宗族，就其一般意义而言，是一种亲属制度中的继嗣群体现象，它在中国社会中具有重要的地位，宗族关系也是中国人最主要的社会关系。因为它代表了一种特殊的生活方式，体现了特殊的行为规范和价值取向，尤其当人们在繁复多变的社会中生存时，需要宗族去适应变化的社会，特别是在中国社会由传统迈向现代的进程中，在传统交往渠道大幅度收缩的情况下，人们就更可能依赖那些幸存下来的、极为有限的家族关系网络。

优势项目运动队中的教练员，一般都远离家乡，举目无亲，在竞争激烈的运动项目中，要想维持生存就必须依靠他人的帮助。此外，就训练本身来说，培养出世界冠军具有一定的偶然性，要想能够持续培养出优秀的运动员，教练员就需要结成一个集团，因为只有群体才是人类力量赖以凝聚的单元。

因此，虽然教练员之间并不具备任何事实上的血缘连带关系，但教练员之间的互动方式和整个网络的运作形式相当完整地复制了传统亲缘群体的运作形式，他们（作为中国人）的文化心理取向使他们确信，这样一个较为自然的宗族组织能够满足他们与别人交往的各种需要。

(三) 运动队中宗族存在的特征

运动队中的宗族是一群人的组合，这个组合当然要依据一定的规则。虽然它并不像中国乡村中的宗族那样具有祖坟、家庙、族产、族谱，也不一定非得有一个长者尊贵、幼者谦卑的内部秩序，只要它是根据世系的原则建立起来，有着一个内部的认同，有着一个外在的界限，我们就有理由把它看作一个宗族。某队中的宗族建立在拟似血缘关系之上，作为一种拟制的宗族，仍然存在着一些宗族特征，如成员资格、领导力量、组织与行为规则、相互间的责任、公共仪式和共同的范式。

综上所述，我国优势项目教练员梯队建设中的"近亲繁殖"现象体现出教练员之间代际传承以某个初始教练为中心、以拟似血缘为主线的"继嗣群"，即一种拟制的宗族。与当前关于运动队"近亲繁殖"现象不利于我国竞技体育可持续发展的主要理论观点不同，本研究认为优势项目教练员群体"近亲繁殖"所体现出的宗族特性正是优势项目运动队出于自身发展的理性选择的结果。由于运动训练本身是以教练员之间的合作为基础，合作又以信任为条件。在运动队中，人们一般都远离家乡，举目无亲，对于师傅而言，他最信任的人莫过于他的徒弟。在熟悉的背景和对信任的需求下，宗族的关系网络成为教练员寻求资源和帮助并进而结成集团的首选对象。因此，虽然教练员之间并不具备任何事实上的血缘连带关系，但人们之间的互动方式却相当完整地复制了传统亲缘群体的运作形式，他们（作为中国人）的文化心理取向使他们确信，在当前繁复多变的社会及竞争激烈的优势项目中，这样一个较为自然的组织不仅能够满足他们与别人交往的各种需要，而且在一定程度上提高了人们之间的合作效益。

资料来源：

何俊，钟秉枢．"近亲繁殖"：一种拟制的宗族现象——我国优势项目教练员群体的社会学研究 [J]. 体育与科学, 2015, 36 (4): 57-65.

[知识点回溯]

　　选配教练员应具有的基本素质：教练员需要有强烈的管理欲望，教练员需要有正直的品质，教练员需要有冒险的精神，教练员要有决策的能力，教练员要有沟通的技能。选配教练员所应具有的专业素质：强烈的事业心和高度的责任感，合理的知识结构，完善的专业能力结构。教练员的管理：确定教练员的工作标准，加强对教练员的培训，教练员工作的考核与晋升。

　　　　　　　——《新编体育管理学教程》第二版，作者刘兵，P221～226

[思考题]

　　1. 你如何看待我国优势项目中的"近亲繁殖"现象？

　　2. 结合案例分析，这种"近亲繁殖"现象对于促进运动队中人才的管理带来哪些优势？还存在哪些问题？

　　3. 试分析如何将优势项目教练员梯队建设中的优秀管理经验，应用在其他一般项目的管理实践中。

二、案例点评

　　教练员是运动训练管理的直接组织者和管理者，是运动队的领导核心，是培养优秀运动员、提高队伍成绩的关键，对实现运动队的目标起着主导作用，因此一个运动队水平的高低与该队教练团队的建设息息相关。

　　我国优势项目教练队伍中"师傅教徒弟，徒弟又教徒弟"的"近亲繁殖"现象是指，以某个初始的教练为中心带出一批优秀运动员后，该批运动员退役后转成该项目教练，以此循环往复的现象。"近亲繁殖"所体现出的宗族特性，在运动队中主要体现在成员资格、领导力量、组织与行为规则、相互间的责任、公共仪式和共同的范式等方面。其中，权威的领导力量是管理运动队的关键，能够维持团队秩序，促进共同观念与标准的形成，从而提高运动训练效果,达到创造优异运动成绩的目标。

从梅奥的行为科学管理理论来看,人们的行为动机受到社会、心理方面需要的影响,即追求人与人的友情、安全感、归属感和受人尊敬等。运动训练是以教练员之间的合作为基础,而合作又以信任为条件。虽然教练员之间并不具备任何事实上的血缘连带关系,但教练员之间的互动方式符合传统亲缘群体的运作形式,能够带来一定的安全感。"近亲繁殖"的教练员之间的感情更深厚,具有一定的信任度,能够进行更好的沟通交流,在一定程度上提高了合作效益,有利于更高效地组织和协调运动员的训练与比赛。

三、资源链接

[1] 虞重干,刘志民,丁海勇. 我国竞技体育可持续发展的现状与存在的问题 [J]. 上海体育学院学报,2000 (2):8-11,22.

[2] 虞重干,刘志民,丁海勇,等. 竞技体育可持续发展的评价指标及其人力资源研究 [J]. 西安体育学院学报,2001 (1):5-7,19.

[3] 李富荣. 努力成为一名优秀的教练员 [J]. 中国体育教练员,2002 (1):4-5.

[4] 刘青. 运动训练管理教程 [M]. 北京:人民体育出版社,2014.

[5] 杨桦,池建. 竞技体育制胜实战案例 [M]. 北京:北京体育大学出版社,2006.

[6] 何俊,钟秉枢. "近亲繁殖":一种拟制的宗族现象——我国优势项目教练员群体的社会学研究 [J]. 体育与科学,2015,36 (4):57-65.

案例 ② 东京奥运力斩七金背后——中国举重强大的奥秘

一、案例简介

从 20 世纪 80 年代至今，中国举重何以在奥运会的纯力量项目上领先 40 年？

（一）科学训赛，"严精细实"

"一周有 6 天都在训练，每天多少训练项目、每项多少组数、多少次数，都被记录得一清二楚。"这是每天训练结束后，中国举重队每名队员都要认真手写的训练日记。这种习惯从他们运动生涯早期开始，延续了十几年。每年除了全锦赛、世锦赛这样的一两次大赛赛后，可以休息 7～10 天，其余时间中国举重队都在集训。国内举重界有句老行话，"一天不练自己知道，3 天不练教练知道，一周不练全队都知道了。"

举重比赛只有抓举、挺举两个看似简单的动作，可中国举重队的日常训练却没这么简单。抓举和挺举，可以细致拆分出前蹲、后蹲、架上挺、高抓、高翻、宽硬拉、窄硬拉等十几种训练项目，每个项目都有重量、个数和组数的要求。单单挺举的上挺动作，就可根据运动员自身特点在分腿挺、下蹲挺、半挺 3 种常见动作中切换。精细化带来专业化，技术和力量的完美结合才能做到举重若轻。从一个地方队的好苗子，到技艺精湛的世界纪录保持者，常常要倾注国家队教练员多年的心血。

举重需要练体能吗？这个问题曾经在中国举重的传统观念里根本不成立，因为在很长时间里人们都认为举重本身就是个体能项目。"举重是一项全身运动，当然需要身体能力，体能是所有运动项目的基础。举重在大肌肉力量上可能领先其他项目，但在小肌肉、平衡、核心、稳定、柔韧、心肺功能等方面存在差距。尤其是核心力量，此前容易被忽视，却恰恰是完成大重量试举时保持稳定性的重要一环。"国家体育总局举重摔跤柔道运动管理中心原主任、中国举重协会主席周进强给出答案，这也正是中国举重队科学训练理念不断深化、创新训练理念不断发展的体现。

在东京奥运会延期一年的前半段中，国家举重队体能训练与专项训练的比重一度达到70%比30%，有的队员甚至体能训练占比达到80%。通过循序渐进的体能训练和体能测试，队员发现了各自在体能上的薄弱环节，如普遍存在有氧训练心肺功能不足、核心力量缺失等现象，这些短板的存在恰恰会导致控制能力的减弱，进而影响技术稳定性，也容易导致运动员受伤。于是，更专业、更有针对性的体能训练深入推进，基础体能训练融入专项体能训练，体能对专项的支撑和促进作用也更加明显。

在科学训练的基础上，中国举重队还实现了科学参赛。举重虽然是一个力量项目，但同样需要高超的智慧运筹帷幄。为了帮助奥运备战重点队员早早达成"参加6站奥运积分赛"这一奥运资格门槛，中国举重协会在2019年连续3次主动承办包括福州世界杯、宁波亚锦赛、天津世界杯在内的奥运资格赛，帮助中国举重队在奥运备战中"占得先机"，越来越清晰地把握世锦赛、奥运会的比赛规律。队伍把过去在大赛中犯过的错误案例通过视频回放和数据收集逐一分析研究，并进行全队集中讨论，每逢大赛都将把开把、加重、指挥的所有细节一一落实。在东京奥运会前一个月，中国举重队召开了第一次赛前准备会，制定初步的比赛预案，并将其贯彻到赛前训练中。抵达东京后，中国举重队又不断按照队员自身状态和对手情况修改完善比赛预案，在比赛中真正做到了"少犯颠覆性错误，不给对手可乘之机"。

(二) 科技助力，团队保障

中国举重选手是"超人"吗？大力士怎样做到每天维持大强度的训练？他们可不是"一个人在战斗"。东京奥运周期，中国举重队真正认识到复合型保障团队的重要作用，实现了科研、医务、训练、管理一体化，秉承个人项目团队作战理念，从训练到参赛、从科研到医务、从营养到恢复，组建多功能全方位的保障体系，大幅减轻了教练员的后顾之忧，运动员也可以全身心投入训练比赛。

中国举重队在东京奥运周期充分运用科技助力，为训练插上科技的翅膀。在国家体育总局训练局国家举重馆二楼，专门设置了科研监测实验室、机体恢复实验室、微压氧舱、加压冷疗、脉冲加压、漂浮舱等这些以前闻所未闻的高科技设备，都已经成为中国举重队队员日常训练和恢复的好帮手。

中国举重队还拥有强大的体能康复团队，其中有多位来自西班牙、澳大利亚、突尼斯和美国等地的注册物理治疗师、整骨师、脊椎指压治疗师和体能教练等。他们扮演着教练员和队医职责之外的补充和辅助角色，为运动员提供一些有针对性的体能训练、康复治疗方法等，可以显著降低运动员受伤的风险、缩短恢复所需的潜在时间。

"我们与世界上最好的运动员和教练员合作，所以我们的主要目标是让他们充分训练，获得最好的成绩。"来自美国的康复师托米表示，外教团队的所有人都为能穿上中国队的队服、为中国举重项目赢得应有的奥运金牌而感到自豪，中国举重运动员以积极态度、敬业精神和职业道德，在推动自己接近人类极限的未知领域时散发出莫大的感染力，教练们严肃而愉快的训练方式也能使运动员发挥出最佳水平。

俗话说"中西结合疗效好"，这在国家举重队体现尤其明显。长期以来，队医一直是运动员除教练之外陪伴时间最久的角色。疲劳恢复、伤病治疗、心理安抚、信心塑造，队医的工作繁杂冗长，需要足够的爱心和敬业精神来支撑。"队医和运动员在一起的时间是最长的，运动员有时会把身体的难受、心理的障碍告诉我们，队医就成了教练和队员沟通的桥梁。"国家举重队队医向宁，经常是倾听运动员"心事"最多的人。"疏导、鼓励，排解负面情绪，帮助队员快快乐乐训练。"

国家举重队素以苦练著称。训练过程中队医全部站着，时不时帮运动员加减杠铃片。他们还要时刻盯紧运动员的每个动作，通过观察和与运动员沟通，及时掌握伤病情况，并在训练结束后安排好每天的治疗计划。"训练过程中，我们就认真观察分析每个试举动作，甚至运动员走路的姿势。"国家女子举重队医务组长高顺，每天都要帮队员按摩治疗到22点甚至更晚。"运动员出现伤病容易产生心理抵触，队医通过治疗帮助运动员树立信心，实现训练的完整性和可持续性。"

(三) 文化传承，底蕴深厚

东京奥运周期，国际举联突然更改级别。面对巨变，中国举重坚持与时俱进、不断创新，不仅没有退步，反而展现了更强大的领先水平。在最新的举重项目世界纪录榜上，14个奥运级别42项世界纪录中，中国举重选手保有其中24项，独占半壁江山。科学训练、团队保障之外，传承举重文化、发扬挑战极限的拼搏精神，也为中国举重队的奥运备战增添了精神力量。

"在这样一个西方创造的力量项目上，我们中国运动员能长久地站在世界顶峰，能体现一种不断超越自我、挑战极限的精神，这是从20世纪50年代陈镜开一直延续到现在的中国举重队的一种精神。"周进强认为，中国举重人有自己的文化和精神。"'为国争光、无私奉献、科学求实、遵纪守法、团结协作、顽强拼搏'的中华体育精神有举重人的贡献，而就举重本身来讲，还有一种特殊的精神，那就是挑战极限。"

在备战东京奥运会的过程中，已经成家的30多岁老将吕小军、杨哲常年无法照顾家庭，与自己的孩子分离。已经是"金牌大满贯"的奥运冠军邓薇、因级别更改不得不增重十几公斤的世界冠军田涛、常年与劳损性伤病对抗从未放弃的老将康月，都奋斗拼搏到了备战东京奥运会的最后一刻。"对中国举重队来说，抛家舍业、舍妻别子是运动员、教练员的常态。带伤拼搏几乎存在于每一代每一名运动员身上，数不胜数。这个项目的特点就是常年大运动量的极限训练，不可能不出现伤病，所以训练和比赛中总要面对伤病困扰。每个世界冠军、奥运冠军都走过这样一条路，都展现出永不放弃的精神。"周进强说。

在中国举重队，"为国而战"不仅仅是一句口号，更是落实到每一天备战、每一堂训练课的精神动力。为此，定期上党课、开展"祖国在我心中"征文活动、举办"学习抗疫英雄、做奥运备战先锋"演讲会，转训每到一地都前往红色教育基地开展爱国主义教育活动等，使中国举重队深刻理解了爱国主义的重要意义和精神内涵，自觉把爱国之情、强国之志、报国之行统一起来。

东京奥运创佳绩只是一扇窗口，希望更多的人关注中国举重，更全面科学地了解举重项目在中国的发展。中国举重也将更加全方位走近大众，为全民健身和力量训练提供强有力的支持。

资料来源：

袁雪婧.东京奥运力斩七金背后——中国举重强大的奥秘[N].中国体

育报，2021-08-19（1）.

[知识点回溯]

运动员是运动训练的主体，运动训练管理的成果，最终要通过运动员精神面貌的展示、运动成绩的取得作为评价运动训练管理成效的重要参数。对运动员进行管理主要表现在运动员的选配、运动员的思想教育、运动员的流动机制、运动员的训练补贴发放和运动员退役后的安置问题。

运动训练管理中的其他人员，主要是指为运动训练提供服务与保障的人员。这些人员包括运动队中领队、科研人员、医务人员、膳食人员，以及训练设备保障、场地维修与保管人员。

——《新编体育管理学教程》第二版，作者刘兵，P228、P233

[思考题]

1. 结合案例，简述运动训练管理包含的内容。
2. 从管理学角度，分析中国举重处于领先地位的关键因素。

二、案例点评

中国举重项目强大的奥秘在于科学的训练管理、强大的团队保障和雄厚的文化传承。

首先，在训练管理上，中国举重队坚持与时俱进，不断创新训练方法。不仅对技术动作进行精细调整，而且会根据运动员个体差异有针对地制订训练计划，保障运动员能够进行科学合理的训练，最大限度地发挥其潜能。其次，在团队成员配备方面，中国举重队坚持秉持个人项目团队作战理念，从训练到参赛、从科研到医务、从营养到恢复，组建多功能全方位的保障体系，拥有强大的体能康复团队，能够为运动员提供全方位的支持，确保运动员在饮食营养、体能训练、康复治疗和心理健康等方面的科学管理。最后，在思想教育方面，中国举重队坚持秉承"为国争光、无私奉献、科学求实、遵纪守法、团结协作、顽强拼搏"的中华体育精神，将爱国之情、强国之志、报国之行的精神融入日常训练，定期开展爱国主义教育活动，不断传承举重文化，发扬挑战极限的拼搏精神，使中国举重队能够在关键时刻展现出超凡的毅力和战斗力。

三、资源链接

［1］王向娜．推动高质量发展 发挥先导作用——访国家体育总局竞技体育司司长张新［N］．中国体育报，2023-12-19（1）.

［2］柳鸣毅．重大体育赛事全景化备战的中国策略——以我国举重项目备战2020东京奥运会为例［J］．体育科学，2022，42（12）：12-22.

［3］杨国庆，彭国强．改革开放40年中国竞技体育发展回顾与展望［J］．体育学研究，2018，1（5）：12-22.

［4］杨世勇，钱光鉴．举重运动员体能训练理论与实践［M］．北京：中央编译出版社，2012.

第八章 体育赛事管理

体育赛事管理是在竞赛组织中，为了实现一定的办赛目的，以运动员、观众和相关管理人员为核心，所进行的围绕赛事成功举办所涉及的相关因素的协调活动，具有活动性、复杂性、层级性、嵌入性、公平性等显著特点。

通常，一项赛事的整体流程是复杂而漫长的，从始至终需经历的环节包括体育赛事选择、体育赛事申办、体育赛事筹备、体育赛事举办、体育赛事总结。各个环节的每项事宜都是赛事运作的主要内容，为确保赛事的成功开展，需进行组织与人力资源管理、营销与财务规划管理、赛事媒体与公共关系管理及赛事风险与制度管理等多方面管理。

在体育赛事举办过程中，赛事举办方提供的体育产品（有形或无形）符合或满足服务对象（运动员、观众、赞助商等）期望，并伴有便捷、愉悦、舒适或健康的形式提供附加价值的经济活动统称为体育赛事服务。体育赛事服务包括有形元素和无形元素两部分。有形元素指体育场馆的硬件设施、各种指示牌的明晰程度、运动员、裁判员和管理人员的形象特征、公共服务设施。无形元素指赛事服务的可靠性、赛事服务的安全性、赛事服务的响应性、赛事服务的移情性。意见征询、简单测量调查、问卷调查法是评价体育赛事服务的基本方法。

本章的"扭亏为盈，创造奥运奇迹"案例论述了萨马兰奇挽救奥运会的创新管理模式和尤伯罗斯的商业运作。"如何保障 NBA 中国赛的产品质量"案例阐述了 NBA 中国赛的赛事产品塑造及赛事服务管理。通过本章学习，学生能加深对体育赛事管理的功能要素及具体应用的理解，有助于对体育赛事管理质量的提升有全面的思考和规划。

案例 ① 扭亏为盈，创造奥运奇迹

一、案例简介

20世纪70年代末，有不少媒体断言"奥运会将在21世纪彻底消失"。以下将简介1976年蒙特利尔奥运会、1980年莫斯科奥运会，以及1984年洛杉矶奥运会的举办情况。在那几年里，很多人觉得奥运会能继续办下去简直是20世纪最大的奇迹。

（一）三届奥运会屡陷消失传闻

从1940年就开始申办奥运会的加拿大蒙特利尔，终于在1970年获得了第21届奥运会的主办权。为此，加拿大奥委会大兴土木，新建包括奥林匹克中心在内的一批大型体育场馆和奥运村，结果导致各项费用直线飙升，最后出现了10多亿美元的亏空。

这届奥运会一共举办了15天，却使蒙特利尔市的纳税人背上了20年的债务，直到20世纪90年代才全部还清。于是，这届奥运会有了一个特别的称号——"蒙特利尔陷阱"。

奥运会不是为钱而办的，促进人类大家庭的团结才是主要目的。但是，这一理想在1980年的莫斯科奥运会上又遭到了迎头痛击。其实在蒙特利尔奥运会上，因为种族歧视方面的一系列纠纷，非洲一些国家已经抵制了该届奥运会，而在莫斯科奥运会上，抵制潮达到了高峰。当时苏联出兵阿富汗，全世界以美国为首，共有60多个国家和地区抵制参赛。由于上届东道主加拿大也抵制参赛，所以蒙特利尔市市长没有出现在莫斯科奥运会开幕式的交接仪式上，只派代表将五环旗交给了莫斯科市市长。

莫斯科奥运会只有80个国家和地区派代表参加。在开幕式上，有16支队伍以奥林匹克五环旗代替本国国旗或本地区区旗，表达抵制之情。中国也加入了抵制参加的行列，没有出现在那届奥运会上。

当时的奥运会主办权绝不是现在的"香饽饽",而是一个"烫手的山芋"——1984年的夏季奥运会,只有美国洛杉矶一个城市提出申办。如果洛杉矶都不申办,奥运会将面临无人理睬的尴尬局面。从这个角度说,当时有媒体预测的"奥运会将死",也并非危言耸听。

(二) 新上任主席赋予奥运生机

1980年,在莫斯科举行的国际奥委会第83次全体会议上,新一任的国际奥委会主席通过竞选产生。他的名字叫胡安·安东尼奥·萨马兰奇,肩负着拯救奥运会的使命。在当选国际奥委会主席之前,萨马兰奇的生平其实没有什么太惊人之处。他于1920年出生在西班牙巴塞罗那,精通法语、英语、俄语和德语。23岁时,担任西班牙皇家体育俱乐部旱冰球队的教练,开始和体育结缘。31岁时,开始担任西班牙冰球联合会会长,并开始从政,做过巴塞罗那议会议长,担任过西班牙驻苏联的首任大使。作为临危受命的国际奥委会主席,萨马兰奇知道要挽回奥运会的声誉乃至生命,就要解决困扰奥运会多年的三大难题。

第一大难题,就是关于只允许业余运动员参加奥运会的问题。

按照顾拜旦创立现代奥运会的初衷,奥运会是拒绝职业选手参加的。由于观众总是希望看到代表这个世界最高水平的体育比赛,所以这项"铁律"随着时代的发展已经变得越来越不合时宜。

更重要的是,"二战"后,职业运动员参加奥运会早已是大家心知肚明的事实。社会主义国家的运动员基本上都是职业运动员,他们领取国家的工资,专门从事体育训练和比赛,获奖后会得到国家的物质奖励。在资本主义国家,参加奥运会的选手也都得到商家经济上的支持。如果没有企业提供资助,仅靠运动员从事其他职业赚取的薪金,恐怕连赛前的系统训练都不可能保证,更别说参加高强度的奥运角逐了。

在关键时刻,刚刚当选国际奥委会主席不久的萨马兰奇顶住巨大压力,在1981年修改了《奥林匹克宪章》的有关条文,去掉了"业余"一词,并且委托各国际单项体育协会制定自己的条款准则,由协会确认参赛选手是否符合业余原则。只要协会认可,国际奥委会就予以同意。此后,以篮球、网球为代表的一批高水平职业运动员被获准参赛,大幅提高了奥运会的观赏性,也使奥运会超越很多单项赛事，成了全球第一体育赛事。由于1984年洛杉矶奥运会不允许男篮职业选手参赛，所以从北卡罗来纳大学毕业的迈克尔·乔丹推迟了与芝加哥公牛队的签约，以大学生球员的身份代表美国男篮参赛，场均得到27.6分，率队夺得冠军。

第二大难题，是奥运会如何尽可能避免政治的干涉。

"二战"结束后，美苏两大阵营的"冷战"影响甚广，再加上各种宗教、领土纠纷推动的恐怖主义，奥运会成了一个承载这些负面影响的大舞台。1972年的慕尼黑奥运会发生惊人惨案，1976年蒙特利尔奥运会首现大规模抵制，1980年莫斯科奥运会几乎将奥运会分裂。还有一点不应被人遗忘的是，这个世界上人口第一多的中国，一直被排除在奥运会大家庭之外。

为此，萨马兰奇一上任就开始了超强度的会员方走访。他一天只睡5个小时，足迹遍及五大洲，行程达到2.4万公里。在频繁的走访中，他与各国元首和政府首脑保持密切和融洽的关系，同时与联合国合作签署了一系列提案与协议，推广奥林匹克运动，推崇和平的理念。

萨马兰奇是外交官出身，他拥有周游列国、合纵连横的能力。再加上他上任之后，"冷战"的氛围正在渐渐变淡，这也给他提供了一个较好的国际环境。经过萨马兰奇的努力，中国在1984年顶住压力，参加了洛杉矶奥运会，重返奥运会大家庭。从1988年汉城奥运会开始，再也没有出现因政治原因抵制奥运会的现象。2000年的悉尼奥运会，朝鲜和韩国甚至联合组队出现在了开幕式上。

在观赏性和政治性两个问题解决之后，萨马兰奇要解决第三大难题：钱。为了保证奥运会的纯洁性，从顾拜旦时期开始，国际奥委会不接受商业赞助。奥运会的举办费用完全由主办城市承担，而且不得以营利为目的。随着奥运会规模的渐渐扩大，很多主办城市发现这是一件入不敷出的事。加上"蒙特利尔陷阱"带来的恐慌情绪也只有具有冒险精神的美国人才愿意申办奥运会。上任之初的萨马兰奇清楚地认识到：如果无法和主办城市、赞助商达成一个多赢局面，奥运会是不可能持续下去的。因此，只能进行商业化改革。

当时60岁的萨马兰奇出人意料地对"新媒体"有高度的敏锐性，他意识到刚刚开始普及的电视，将会给奥运会的关注度带来惊人的增长。他主动向电视媒介抛出了"橄榄枝"，并在今后的奥运会中奠定了"电视媒体优先"

的特权。此外，萨马兰奇也开始积极策划市场营销，为奥运会四处寻找赞助商。

（三）商业化天才创造奥运奇迹

当然，萨马兰奇突破国际奥委会保守势力的重重阻碍后打开商业化大门，还需要有人配合，那个配合的人就是1984年洛杉矶奥运会的奥组委主席彼得·尤伯罗斯。

在洛杉矶获得奥运会主办权后，洛杉矶市政府通过了"举办奥运会禁止动用公共基金"的决议，而美国的加州是不允许发行彩票的，这两项都是奥运会的传统筹资方式。但当时连一间专属办公室都没有的奥组委主席尤伯罗斯充分展现了自己的商业天赋和惊人的口才。简单来说，尤伯罗斯创造性地出售奥运会独家电视转播权，仅这项举措就获得了超过3亿美元的资金。然后通过"饥饿营销"，规定奥运会只接受30家顶级赞助商的赞助，收到了超过1亿美元的赞助款。

洛杉矶奥运会办完之后一算账，不仅没亏本，居然还赢利2.25亿美元！"办奥运会能挣钱"这个概念，从此被所有人熟知。此后，每届参加奥运会申办的城市都不甘示弱，争先恐后地争取申办资格。到2001年萨马兰奇卸任时，当初那个一穷二白的国际奥委会，年收入已经超过9亿美元。

资料来源：
张玮. 历史的温度6：站在十字路口 [M]. 北京：中信出版集团，2021：450-461.

[**知识点回溯**]

体育赛事的营销与财务规划是整个体育赛事功能构成的重要内容之一。赛事营销的水准高，可以使体育赛事的影响力倍增，从而获得更多的财力支持。特别是在市场经济的条件下，赛事资源是依据市场来配置的，赛事的成功要素绝大部分也是依据市场来衡量的。这就对营销提出了较高的要求。同时，优秀的财务运作，可以有助于体育赛事开源节流，使体育赛事的价值得到更好的体现。

体育赛事的营销管理必须充分考虑：（1）赞助商的开发、选择与评估；(2) 赛事广告宣传；(3) 体育赛事公共社会关系；(4) 体育赛事嘉宾与接待；(5) 赛事门票设计与销售；(6) 赛事媒体转播；(7) 赛事产品授权；(8) 赛事捐助等内容。

——《新编体育管理学教程》第二版，作者刘兵，P251

[思考题]

1. 体育赛事管理功能主要有哪些？
2. 在该案例中，萨马兰奇是如何解决体育赛事管理中面临的棘手问题，并将奥运会转亏为盈的？

二、案例点评

早期奥运会的非商业化、非职业化、非政治化原则一度让举办城市陷入沉重的债务危机，奥运会迎来生死存亡的紧要关头。面对濒临绝境的奥运会，萨马兰奇不得不适应环境的变化，开创前所未有的创新管理模式。

在本案例中，面对奥运会严峻的局面，萨马兰奇意识到了体育赛事无形资产的重要性，积极依据市场来进行赛事资源挖掘和配置，开创性地建立与电视媒体的合作关系，出售电视转播权，凭借奥运会自身价值吸引赞助商的目光，以此获取经济来源，这是萨马兰奇时代最为成功的营销战略。后期通过尤伯罗斯的商业营销，在成功解决资金问题之余实现了商业界和广告界双赢的局面，良性的操作将临时的、单个的、非竞争性的商业谈判转变为长期的、捆绑的、竞争性的商业战略。

奥运会作为一项国际性体育赛事，其管理重要性不言而喻。萨马兰奇审时度势，根据赛事实际发展需求一反过去反商业化的观点，变封闭为开放，走访各国，缔造和平局面，改变职业运动员不得参赛的规则，为奥运会的顺利开展奠定了前期基础。同时，他从多个方面进行创新管理，让奥林匹克运动逐渐适应社会发展的脚步，让赛事本身最大限度地彰显其价值。随着时代发展，现代奥运会商业模式及运营体系同样需要不断调整和完善，确保与时俱进。

三、资源链接

［1］麦克尔·佩恩. 奥林匹克大逆转［M］. 郭先春，译. 北京：中信出版社，2008.

［2］胡安·安东尼奥·萨马兰奇. 萨马兰奇回忆［M］. 孟宪臣，译. 北京：世界知识出版社，2003.

［3］小罗宾·阿蒙，理查德·M. 索撒尔，大卫·A. 巴利. 体育场馆赛事筹办与风险管理［M］. 高俊雄，译. 沈阳：辽宁科学技术出版社，2005.

［4］曹可强，刘清早. 体育赛事运作［M］. 北京：高等教育出版社，2015.

［5］刘清早. 体育赛事主题活动运作管理［M］. 北京：人民体育出版社，2013.

［6］刘清早. 体育赛事运作管理流程［M］. 北京：人民体育出版社，2010.

［7］刘清早. 体育赛事运作管理手册［M］. 北京：人民体育出版社，2009.

［8］严文刚，刘志民. 人本视域下的体育赛事管理研究——基于香港国际马拉松的若干思考［J］. 山东体育学院学报，2015，31（5）：14-18.

［9］谭琳. 萨马兰奇与罗格的奥林匹克思想比较分析［J］. 体育文化导刊，2012（7）：21-25.

［10］茹秀英. 萨马兰奇与国际奥委会组织变革分析［J］. 体育文化导刊，2009（3）：135-137，142.

［11］赵先卿，杨继星，马翠娥. 国际体育赛事商业化运作对我国的启示［J］. 北京体育大学学报，2006（8）：1030-1032.

［12］朱洪军，张建辉，梁婷婷，等. 国外体育赛事政府监管服务标准化研究［J］. 西安体育学院学报，2020，37（6）：648-655.

案例 ② 如何保障 NBA 中国赛的产品质量

一、案例简介

回顾 NBA 中国赛的整个进程，人们突然发现：原来不仅篮球可以这样玩，其他体育运动其实也可以与文化、娱乐结合得极好，极富内涵。毫无疑问，NBA 带有浓厚的商业气息，因为它本身就是现代商业社会的附加产物。但不可否认，它在客观上也给我们带来了一种新鲜的理念，一种"体育和经济究竟应该怎样结合，同时又不带着一身铜钱臭"的理念。相信每一位观众都会在尽情享受 NBA 中国赛的间隙感到一种震撼：为什么人家的篮球更像一种文化？

（一）体育产品

产品包括实物产品和服务产品，都是为了向消费者提供某种满足和利益。其中，服务产品是一种涉及某些无形因素的活动、过程和结果，它包括与顾客或他们拥有的财产间的互动过程和结果，并且不会造成所有权的转移。体育产品是被设计出来给体育观众、参与者或赞助商提供利益的任何一种商品、服务或这二者的结合体。显而易见，体育场馆内外会出售有关比赛的有形产品，如篮球和球衣纪念品等；而与此相对应的，则是比赛期间体育劳务或体育从业人员通过服务劳动提供的与服务过程共生共灭、能满足一定需求的非实物形态的使用价值。一场 NBA 中国赛所产生的比赛自身的纯粹服务包括对球迷、媒体、赞助商的服务，当然还包括实物产品，即球迷喜欢的纪念品销售。

（二）NBA 体育产品的层次

1. NBA 的核心产品——体育赛事

体育产业的主要产品是体育赛事。我们所说的主要产品是指竞赛，在体育产业中需要竞赛去"生产"所有相关的产品。没有比赛也就没有特许商品、纪念品及体育场的出租等。在体育赛事中从事比赛或表演的运动员，也可被认为是赛事产品。姚明2002年抵达美国加入NBA后，NBA亚洲公司当即在北京宣布：中国将有12家电视台转播NBA本赛季的比赛，中国的球迷每周至少可以看到4场不同的比赛，其中有姚明参加的火箭队比赛的电视转播将超过30场。NBA同时透露，目前全球共有135家电视台转播NBA比赛，中国是NBA拥有最多电视合作伙伴的国家，也是拥有最多球迷的地方。NBA借助姚明的影响力争取到了中国的球迷。

2. NBA的形式产品——娱乐产品

成功的体育组织已认识到来自其他娱乐形式的竞争威胁，因此扩大自身的生意范围，把自己看作是"娱乐"的提供者。改革开放以来，尤其是20世纪90年代之后，中国的体育市场有大量的广告资金涌入，体育竞赛已形成巨大的商业性联合体。电视转播赞助商出资满足体育观赏者对体育赛事的需求，为推出体育赛事产品提供了巨大的商业机会。NBA中国赛开始之前，就和中方的承办单位（北京市体育局和上海市体育局）进行了长达5年的策划准备工作，包括因"非典"而取消或延误比赛在内的诸多困难和挫折，都没能挡住NBA赛事进入中国的脚步。NBA为了移师中国，等待了很长时间，进行了很多工作，终于带来了NBA形式产品——体育场馆中精彩的娱乐表演。部分体育场馆不只是观看比赛的地方，也是一个综合娱乐场所，内设饭店、酒吧、野餐地及豪华包厢。在体育馆中，不仅有NBA球员精湛的球艺和啦啦队的活泼表演，还有那花样繁多的互动活动，而在这中间，NBA赞助商的影子无处不在。可以说，NBA中国赛积极开展商业的娱乐产品推广。

3. NBA的延伸产品——特许销售

NBA联盟2004年的财务报告显示，2003年度全联盟收益30亿美元，其中美国国内带有NBA授权标志的商品零售额为25亿美元，而海外零售额只有3亿美元，仅占到总额的1/10。显然，NBA要把海外的比例做大，1/10或者说3亿美元是不能让NBA止步的。事实上，1946年成立的NBA已经超越了国界。亚洲市场尤其是中国市场很早就进入了NBA的全球视野。NBA亚洲区副总裁及董事总经理邓文光先生认为，在中国NBA成长最快的将会是品牌授权的特许产品经营业务。他认为，NBA商业运作成功的关键因素，就是寻找和发现实力强大的合作伙伴，特别是本地商业伙伴。这样，双方就能够结合本地市场特色谋求共同推广。相比品牌经营业务的未来预期，一场赛事的盈利与否将变得不再重要。

（三）NBA中国赛的品牌建立

1. NBA中国赛品牌

品牌包括产品名称、设计、符号或它们的组合体。3个重要的品牌概念是品牌名称、品牌标识和商标。品牌名称是指能够读出来的那一部分品牌因素，"NBA中国赛"突出了NBA品牌，同时又为NBA注入了中国元素。品牌标识是不能被读出来的品牌组成因素。NBA中国赛的品牌标识使用了NBA的商标和中国人喜爱的红色中国赛3个毛笔字。品牌最持久的含义应该是它的价值、文化和个性，它们确定了品牌的基础。而任何文化的最重要方面大概就是共享和习得的价值。NBA品牌核心的价值包括个人主义、年轻、成功、家庭和一种归属感的需要。NBA代表了美国篮球文化，NBA中国赛突出的正是NBA的核心价值。

2. NBA中国赛定位

一个新品牌如何导入市场并在市场上站稳脚跟，这就牵涉品牌的定位问题，恰当的定位不仅能使品牌存活下来，而且能为品牌的进一步发展奠定良好的基础。品牌定位，是指为了满足目标市场的需要而建立品牌形象的过程与结果。品牌定位也是品牌识别的一部分，是建立一个主张，这个主张必须与众不同，同时用以显示其优于竞争品牌之处。这个主张应该回答以下问题。品牌识别中哪些因素该成为定位的元素，谁是主要的目标对象，什么是传播的目标，什么是优势点等。

通过市场调查，NBA明确了中国市场上有哪些消费者，他们的真正需求是什么？市场容量有多大？现有的竞争是什么？体育赛事产品是在市场经济条件下，随着现代工业化、城市化及商业化的发展而发展起来的。体育赛事这类产品对自然资源的依赖性较低，且附加价值高。首先，体育赛事依赖于城市人口数量；其次，在城市结构与功能上，大城市不仅局限于当地经济往来，而是与整个国家乃至世界城市连成一体，所以NBA的赛事产品推广选择了北京和上海。把这两个城市作为目标市场，对潜在的定位策略进行测试。很显然，NBA下一步将对潜在目标市场进行排序，选定最优目标市场，集中资源进入。

品牌是行业中竞争的产物，品牌意味着差异，意味着一定程度的市场独占，意味着某种垄断优势。品牌的功能在于识别和保护这种垄断优势，建立和发展品牌的过程就是建立和发展垄断优势的过程。体育赛事品牌的最终战场不在体育馆，也不在媒体，而是在消费者头脑中形成的品牌形象，这才是体育产品的品牌定位。品牌定位是体育组织与消费者建立良好关系的工具，也是体育组织与竞争者争夺消费者的手段。定位是组织将品牌提供给消费者的过程，恰当的定位是树立品牌的关键。

3. NBA中国赛的品牌建立过程

中国赛品牌的确立要经历知名度、美誉度、忠诚度三个阶段。

品牌知名度以大众传播（媒体传播）为主要方式。NBA是世界篮球通用的品牌，除了精彩纷呈的比赛，强大的市场运营能力是把NBA做到家喻户晓的法宝。先进、实际、高效的市场推广方法是NBA取得成功的秘诀。从首都体育馆和上海体育馆外比比皆是的NBA中国赛宣传海报、传单和广告上就能看出，NBA为了这项赛事的推广付出了巨大的艰辛和努力。此外，从赠送给报道NBA中国赛记者的礼物，到报纸、杂志、网络上扑面而来的宣传广告，都体现了NBA的市场意识和把握市场机会的能力。

品牌美誉度被描述为消费者对品牌的信赖程度。NBA中国赛从准备、策划到最后的效果应该说是近乎完美的，而且他们有效地向中国的体育迷、公众、甚至是从业人员，或者是政府的相关部门进行了传播，使NBA品牌获得了美誉。上海主办方称，选择NBA品牌体现出上海的品位，提升了上海的形象，赞助体育赛事的企业非常渴望与有着极佳品牌美誉度的品牌形象相联系。NBA品牌的美誉度，同时也塑造着消费者对赞助企业的态度。

品牌忠诚度是最高层次的品牌认知，它以品牌知名度和美誉度为基础，是在一个产品类型中一个品牌超过所有其他品牌的连续偏好或反复购买。对于体育组织或机构来说，品牌忠诚度是十分重要的概念，因为只有通过对品牌忠诚度的不断宣传和维护，才能实现品牌的长远发展。

（四）NBA 中国赛产品的质量保证

当今，消费者已经不再接受或容忍质量平平的产品和不到位的服务。面对竞争和挑战，任何组织都必须重视全面质量管理。尽管 NBA 中国赛只是两场热身性质的比赛，但是 NBA 的组织者还是做足了准备，不但专门从美国运来了价值十万美元的比赛专用地板，而且赛场内的灯光、座椅、记分牌、广告板、球员更衣室都按照 NBA 的要求进行了改造。这一切保证了中国球迷看到正宗的 NBA 比赛。在 NBA 来华 400 多人的浩荡队伍中，总裁大卫·斯特恩率队，显示了 NBA 对此行高度重视的态度；两支参赛队也是精心挑选，国王队堪称最好看的球队，火箭队则拥有中国姚明；访华团中，还有拉塞尔、沃顿等名宿，也有年轻球星如麦克格雷迪、韦伯、斯托亚科维奇。这些，完全是为了迎合不同年龄段、不同风格的球迷。在比赛中，两队你来我往，直到最后一刻才决出胜负，全场球迷因此体会到了 NBA 的魅力，就此揭示了：对体育赛事产品质量而言，应该是竞技水平第一、经营包装第二。

资料来源：

于静，柳钢，杨学成，等. 对 NBA 中国赛产品定位的研究 [J]. 北京体育大学学报，2005（11）：31-33.

[知识点回溯]

体育赛事服务是指在体育赛事举办过程中，赛事举办方所提供的体育产品（有形或无形）符合或满足服务对象（运动员、观众、赞助商等）期望，并伴有便捷、愉悦、舒适或健康的形式提供附加价值的经济活动。

体育赛事服务的有形内容：体育场馆的硬件设施；各种指示牌的明晰程度；运动员、裁判员和管理人员的形象特征；各种公共服务设施的齐全等。

体育赛事服务的无形内容：体育赛事产品的质量；体育赛事门票的定位；冠名等商业活动的公开、公平和公正；各类管理人员的专业水准；突发事件的应急与响应以及体育赛事承办过程中的各种人文关怀等。

——《新编体育管理学教程》第二版，作者刘兵，P260

[思考题]

1. 简述体育赛事服务管理的基本内容。
2. 结合案例，谈谈 NBA 中国赛的体育赛事服务经验。

二、案例点评

体育赛事服务管理作为赛事管理的组成部分，是赛事成功举办的重要影响因素之一，一切以"人"为出发点，力求从多个方面实现高质量管理。NBA 中国赛作为 NBA 的衍生产品，将体育与经济巧妙融合，完善的产品服务体系让观众在观赏赛事之余体会篮球文化的魅力。作为世界上备受关注和追捧的成熟体育赛事品牌，中国赛的举办无论从产品配置、办赛氛围、参赛阵容，还是文化底蕴，都充分展现了其团队所具有的专业赛事服务管理能力。

体育赛事服务包括有形元素和无形元素两个方面。在有形元素方面，美国空运而来的比赛专用地板，以及按照 NBA 要求改造的灯光、座椅、记分牌、广告板、球员更衣室，在保证场馆硬件设施质量的同时，尽最大可能满足了观众球迷的期待；运动员作为服务的核心内容，NBA 精心挑选了"最好看的球队"——国王队及拥有众多篮球名宿、年轻球星的火箭队，充分保证了比赛的观赏性、刺激性；在观看精彩赛事之余，少不了娱乐活动的参与，NBA 积极开发独属于 NBA 形式的产品，体育馆内集精彩赛事、表演、餐饮、休闲、互动活动为一体，浓厚的 NBA 氛围给予球迷周到的赛事体验。

在无形元素方面，NBA 作为国际性知名体育职业联赛，提供的赛事服务有一定的可靠性。火箭队和国王队两支知名球队的高竞技水平、裁判员的公正执裁体现了赛事服务的专业性，体育场馆中精彩的娱乐表演延续了赛事的热烈氛围。此外，在观赏球员精湛球艺和啦啦队表演之余，花样繁多的互动活动进一步丰富了球迷观众们的赛事观赏体验，满足了长久以来对 NBA 的情感期望，是赛事服务移情性的体现。

NBA 中国赛是一场成功的商业活动，它整体塑造的文化氛围神奇地掩盖了原有的商业气息，实现了体育赛事服务的高质量管理。如今，我国体育赛事办赛热情高涨，但社会满意度仍有待提高，彼此之间甚至产生了某种程度的错位，为此体育赛事相关部门应充分认识到体育赛事服务管理的重要性，以观众的需求出发，打造接地气的赛事活动，实现从管理到服务的重要转变。

三、资源链接

[1] 刘清早．体育赛事运作案例精选［M］．北京：人民体育出版社，2007．

[2] 刘清早．体育赛事运作管理［M］．北京：人民体育出版社，2006．

[3] 李颖川．体育赛事经营管理［M］．北京：人民体育出版社，2008．

[4] 高岩．体育赛事风险管理研究：基于项目管理理论视角［M］．北京：北京体育大学出版社，2017．

[5] 罗文桦，刘蔚宇，黄海燕．为何及如何推动大型体育赛事管理创新？——基于多源流模型的视角［J］．体育科学，2023，43（3）：3-13，57．

[6] 王凯．我国公共体育赛事的服务外包研究［J］．体育学刊，2017，24（3）：61-66．

[7] 张淼，王家宏．基于利益相关者视角的大型体育赛事风险管理问题识别［J］．首都体育学院学报，2017，29（2）：105-109，113．

[8] 黄海燕，张林．体育赛事利益相关者分析［J］．体育科研，2008（5）：25-28，36．

[9] 陈锡尧，王珊珊．关于我国重大体育赛事服务保障的研究［J］．上海体育学院学报，2007（6）：11-15．

[10] 国家发展改革委，体育总局，自然资源部，等．促进户外运动设施建设与服务提升行动方案（2023—2025 年）［EB/OL］．（2023-10-17）［2024-2-18］．https：//www. gov. cn/zhengce/zhengceku/202311/content_ 6913978. htm．

[11] 国家体育总局．体育总局关于做好高危险性体育赛事活动管理工作的通知［EB/OL］．（2023-02-03）［2024-2-18］．https：//www. sport. gov. cn/gdnps/ content. jsp？id＝25173616．

[12] 国家体育总局．体育赛事活动管理办法［EB/OL］．（2023-01-03）［2024-2-18］．https：//www. sport. gov. cn/zfs/n4974/c25070063/content. html．

[13] 张小可．赛事"流量"转化为消费"留量"——透过路跑赛事看户外消费强劲增长［N］．中国体育报，2023-11-09（7）．

第九章
体育产业管理

体育产业源起于英国，而继发于欧洲大陆和北美地区，经历了商业化、职业化和大众化的发展过程，以及形成期、发展期、加速期、成熟期四个阶段。

在我国，体育产业从萌芽到发展，经历了探索实验阶段、全面发展阶段、初步形成体系阶段和快速发展崛起阶段，具有体育性、服务性、经济学等特征。作为可生产体育物质产品和精神产品的产业，体育产业提供了体育服务的各行业的集合，整体被划分为十一大类。其中，体育用品制造业长期以来都是我国体育产业占比最高的细分产业，体育竞赛表演业和体育健身娱乐业都是体育产业的重要组成部分。

产业的良性发展离不开科学的管理。体育产业管理是以体育产业部门经营行为合理化为目的，为实现经营目标所从事的各种管理工作的总称。其管理原则为以经济发展与工业化水平为基础，集中资源发展主导产业。我国体育产业管理体制经历了计划管理体制阶段、市场化管理体制探索阶段和发展阶段三个阶段。

目前，我国体育产业发展存在主管部门职能不明确、法律法规不健全、资本市场不规范、职业体育发展不成熟、品牌实力弱、人才匮乏等问题，需进一步转变政府职能，加快培养体育市场主体，加快体育市场法制化、规范化建设，规范体育资本市场，促进资本有序流动，支持和规范职业体育发展，加快实施品牌战略，抓好人才培养工作。

本章通过"新阶段、新形势：我国体育产业发展战略前瞻"和"运动项目产业发展管理"两个案例，阐述了我国体育产业的发展现状、所处阶段、未来趋势，介绍了运动项目产业发展潜力的特征、显化动力，有助于学生进一步领会体育产业管理。

案例 ① 新阶段、新形势：我国体育产业发展战略前瞻

一、案例简介

近年来，中国体育产业总规模增速迅猛，作为国民经济新兴产业，其总规模和增加值的增速都远远高于 GDP 的增长速度，凸显了体育产业作为国民经济新兴产业的巨大潜力。但就我国而言，体育产业对国民经济贡献率则明显偏低。与国外相比，我国体育产业的发展潜力还有待进一步挖掘和提升。如今，健身休闲产业发展态势良好，作为人民群众体育参与最直接的部分，是增强人民体质、实现全民健身和全民健康深度融合的着力点，是体育产业全面发展的基础和动力。

（一）我国体育产业发展所处阶段的基本判断

1. "混杂性"发展阶段

根据传统产业生命周期理论，产业发展阶段包括导入期（萌芽期）、成长期、成熟期和衰退期四个阶段。总体而言，目前我国体育产业仍处于由导入期向成长期发展的过渡阶段，这一时期产业呈现出后发优势明显、数量增长迅猛，但阶段性、结构性、深层次问题交织的局面。与此同时，受制于发展基础、体制机制、行业资源、市场环境等诸多因素，体育产业的发展模式一直以政府主导型为主，并仍将持续较长一段时间。

2. 服务业提质升级阶段

从国民经济运行层面来看，经济结构转型是高质量发展的重要方面，"十三五"期间我国服务业占比虽迅速提高，但在相当程度上是房地产和金融业快速膨胀的结果。作为现代服务业的重要组成部分，体育服务业对于加快我国经济结构优化升级的贡献将更为突出。从产业自身发展层面来看，以健身休闲、竞赛表演业为引领的体育服务业是体育产业的本体产业和核心产业，具有关联度广、外部性强、附加值高、经济拉动效应明显、社会效益突出等

属性特征。无论是从宏观经济结构还是中观产业转型来看,未来一段时期我国体育服务业必然是提质升级阶段。

3. 全面深入融合阶段

随着产业构成要素间的相互影响、相互渗透、相互交叉日益深入,体育产业所具有的综合性和关联性特征将更加明显。这一关联性特征既为体育产业更高、更深度的融合发展提供了前提条件,又更广泛地拓宽了体育产业融合发展的空间。

4. 主场效应阶段

"主场效应"原指在体育比赛中主队受到赛事官员、项目规则和裁判员等因素的影响,获胜概率显著提高的一种体育现象。这里引申为国际大型赛事的主办国或城市享受到主场办赛的红利,在社会经济、文化、旅游、基础设施等方面获得显著提升的一种效应。在未来一段时期,我国承办的国际重大赛事在赛事规模、赛事密度、赛事能级上均有全方位升级,我国体育产业发展将迎来一个主场效应阶段。

5. 产业治理体系完善阶段

《中华人民共和国国民经济和社会发展第十四个五年规划和2035年远景目标纲要》将"国家治理效能得到新提升"作为今后5年我国经济社会发展的主要目标之一,并对深入推进国家治理体系和治理能力的现代化做出了重要部署。在全面深化改革、加快完善社会主义市场经济体制的背景下,我国体育领域将践行全面依法治国和国家治理现代化的宏观政策,进一步深化体育领域改革,厘清"政府—市场—社会"三者之间的关系,逐步完善体育管理部门、体育社会组织和体育市场主体多元共治的体系,政策法规体系不断完善,协同治理体系不断优化,治理手段不断创新。

6. 消费需求爆发性增长阶段

随着2019年我国人均GDP首次突破1万美元大关,庞大的中等收入群体所产生的巨大市场需求,推动消费成为拉动中国经济增长的第一动力。按照目前的增长态势和经济运行规律,未来一段时期我国将可能跨越"中等收入陷阱",迈入高收入国家的行列,这为具有高收入弹性的体育消费创造了良好的收入预期。在此基础上，我国体育消费在意识、内容和人群等层面均存在增长爆发点。

（二）我国体育产业发展机遇

1. 进入新发展阶段有利于体育产业增强内需动力

随着我国进入新发展阶段，以国内大循环为主体、国内国际双循环相互促进的新发展格局逐步形成，体育产业将迎来新使命和新机遇，一是有助于扩大体育消费内需，二是有利于完善产业链条，三是有利于创新驱动发展。创新是产业发展的根本动力，依托资本、劳动力等传统要素投资而形成的"粗犷式"发展模式不可持续。我国体育产业将加快形成以科技创新为核心的新发展动能，实现产业创新驱动发展。

2. 社会主要矛盾的变化有利于体育产业扩大有效供给

我国社会主要矛盾已经转化为人民日益增长的美好生活需要与不平衡不充分的发展之间的矛盾。体育产业领域中社会主要矛盾的转化亟待寻求体育产业供给结构与需求结构之间新的平衡，人民日益旺盛的体育需求将倒逼体育产业继续深化供给侧改革，不断扩大有效供给和中高端供给，持续完善体育产品与服务的高质量供给体系，加速推动体育产业迈入发展充分、供需平衡的新阶段。

3. 贯彻高质量发展理念有利于体育产业提质增效

我国经济已由高速增长阶段转向高质量发展阶段，正处在转变发展方式、优化经济结构、转换增长动力的攻关期。一方面，从宏观经济的角度来看，体育产业作为典型的生活性服务业，是未来我国经济发展的重要新动能，对比国外发达国家近80%的国民经济软化率，我国体育产业在助力经济高质量发展中的作用将不可替代，同时也赋予了体育产业巨大的发展空间。另一方面，从产业自身的角度来看，贯彻落实高质量发展理念，有助于体育产业从追求发展速度向追求发展质量转变，进一步促进体育产业新旧动能的有效转换，推动产业发展质量变革、效率变革、动力变革，提高全要素生产率，实现体育产业更高质量、更高效率、更可持续的发展。

4. 实施区域协调发展战略有利于打造体育产业增长极

京津冀、长三角和粤港澳等地区既是国家实施区域协调发展战略的重点领域，又是我国体育产业高质量发展的核心区域。深入对接京津冀协同发展、长江经济带发展、粤港澳大湾区建设、长三角一体化发展、黄河流域生态保护和高质量发展，以及成渝地区双城经济圈建设等区域协调发展战略，将不断促进体育产业生产要素的区域流动，加快区域体育产业的协调联动和一体化发展。另外，实施区域协调发展战略重点是以新型城镇化为依托，促进中心城市和城市群建设，新型城镇化带来的诸多红利有利于培育新的增长极，是我国体育产业发展的重要动力。我国体育产业必将以区域中心城市为核心承载体，以新型城镇化为支撑路径，不断扩大产业在区域内的辐射能力和溢出效应，形成体育产业增长极。

5. 加快新型基础设施建设有利于体育产业转型升级

传统基础设施以交通、能源、水网为主要构成部分，主要面向的是传统工业生产，而以人工智能、工业互联网、5G 网络、大数据中心为基础内容的新型基础设施将赋予体育产业更多发展机遇。一方面，新型基础设施建设将加速促进"体育制造"向"体育智造"的转型升级，工业互联网、5G 网络等新一代信息技术为打造"高精尖"智能体育制造业平台、建设世界先进体育制造业集群提供了技术支撑，有利于体育产品生产效率和科技水平的跃升。另一方面，"新基建"将助力体育基础设施的智慧化升级，包括智慧场馆、智能步道、智能户外运动设施等，为参与者提供智能化、定制化、便利化的体育服务，进一步激发居民体育消费新需求，形成产业发展的新基础。

（三）我国体育产业风险挑战

1. 国际外部环境挑战

当前世界经济的持续下滑和萎缩，是新冠疫情暴发和贸易保护主义抬头双重叠加效应的结果，且在短时间内难以结束。国际经济形势的复杂性、不确定性、不稳定性加剧，对部分外向型体育用品企业在产品贸易出口、关键技术研发等方面产生影响，这对于我国体育用品业抵御外部冲击是一个严峻挑战。

2. 新旧产品服务迭代挑战

根据服务经济理论，时间是服务消费增长和服务业发展面临的刚性约束，不同消费领域间存在一定等值替代性。体育消费属于参与型、体验型消费，受到时间的硬性约束较强，因此在体验和享受新产品、新服务的同时，也将影响和替代部分传统的体育经营项目和模式。随着产业数字化水平的不断提升，体育产业所生产的产品和提供的服务也将发生巨大变化，线上竞赛、智能教练、虚拟体育、线上培训、电子竞技等新产品、新模式和新业态将会对传统意义上的体育产业产生冲击。

3. 社会人口结构变动挑战

从未来发展趋势上看，人口老龄化已成为我国面临的最为严峻的人口问题。准确研判人口老龄化对体育产业的影响将是未来很长一段时期内必须考虑的问题。从个体的角度来看，老年群体消费观念普遍较为保守，参与运动项目的消费引领性较弱，体育消费需求存在鲜明的特定人群表征。同时，现阶段专门面向老年群体的体育产品和定制服务种类较少、品质较差、保障不足，体卫融合的践行措施和成熟模式依然处在探索和试点阶段，老年人体育健康需求尚未充分满足。从家庭消费的角度来看，人口老龄化加速使老年抚养比不断攀升，"二孩政策"的施行使少儿抚养比下降趋势减缓，在我国收入分配格局较为稳定的硬约束下，收入波动的不确定性、预防性储蓄、信贷约束等多种因素将持续影响家庭消费决策。体育消费具有明显的收入预期效应，家庭消费的偏好收窄和预期下行将可能挤压家庭在现场观赛、户外运动、体育旅游等服务型体育消费上的支出。

4. 新冠疫情挑战

体育产业是此次新冠疫情（以下简称"疫情"）的重灾区。在疫情期间，体育用品制造与销售业业绩明显下滑，体育服务业全线停业，从业人员流失，小微体育企业资金链断裂，整个体育产业链条和生态圈陷入停滞。在疫情常态化的背景下，如何保证各项体育经营活动正常运转，应对疫情对体育产业的持续影响仍是未来必面对的挑战。

(四) 我国体育产业发展前瞻

1. 构建体育产业双循环发展格局

立足新发展阶段、贯彻新发展理念、构建新发展格局，是当前和今后一个时期我国经济社会发展的重大战略任务。体育产业应抢抓经济内循环的发展机遇，破除自身发展瓶颈，充分利用我国超大规模的市场优势和回旋空间，加快构建体育产业双循环发展格局。要以扩大内需为战略基点，畅通体育产业内循环，加强科技创新引领，推动现代化的体育全产业链，提升体育生产要素市场化水平，充分发挥市场主体的作用，加强政府对体育产业发展的规制，打造区域发展增长极。同时，抓住机遇，加快融入国内国际双循环。

2. 推进智能体育与产业数字化发展

智能体育是体育产业与信息技术融合发展的新模式、新业态，空间广、潜力大，目前已受到政产学研各界的高度关注。为推进智能体育发展，需多措并举、协同创新，如加强政策支持，加强平台服务，加强示范打造。

数字化已经成为体育产业发展方向之一，数据已成为与资本、技术、人才相并列的关键生产要素。有效促进数字经济与体育产业深度融合，提升数据赋能体育产业的能级，将是提升体育产业全要素生产率的重要课题，为此应加快建设体育产业大数据中心，鼓励数字经济与体育产业的深度融合，利用数字赋能产业综合治理。

3. 加快竞赛表演产业提质升级

竞赛表演业是整个体育产业的核心和本体，要推动体育产业高质量发展，必须加快竞赛表演业提质升级工程建设。一是构建运动项目的赛事体系。二是加快发展职业体育赛事。要充分利用国内社会环境优势，积极引进国际顶尖职业赛事落户中国，构建职业赛事链条。要大力推进"三大球"和市场化程度较高运动项目的职业联赛理事会和职业联盟建设，打造一批具有一定影响、体系完善的职业联赛。三是推进体育赛事名城建设。四是加强赛事安全管理。

4. 大力发展户外运动产业

目前，我国户外运动产业发展仍处于起步阶段，具有巨大的发展潜力。

大力发展户外运动产业，应加强户外运动产业基础设施建设；继续深入推进落实跨部门协同管理；搭建国家级平台，推动户外运动参与各环节便利化。

5. 促进体育产业融合发展

实施"体育+"工程，重点推进体教融合、体卫融合、体旅融合，促进体育与文化、科技、养老、会展、传媒、金融等复合经营，推进体教融合发展，加快体卫融合发展，鼓励体旅融合发展，发挥产业的综合效益。

6. 打造体育消费新空间和新场景

体育消费新空间和新场景的打造，对于形成体育消费需求场景、推动消费需求向消费行为的转化、精准服务体育消费重点人群具有重要作用，需加强重点人群的精细化供给，加快体育基础设施的智慧化升级改造，注重体育消费新载体的建设，营造体育消费新场景。

体育产业既是全面体现新发展理念的重要领域、构建新发展格局的重要内容、建设和谐社会的重要组成部分，又是建设健康中国、体育强国的重要任务和途径，以及人民群众实现高品质生活的重要支撑。在当前和今后一段时期，我国将以推动体育产业高质量发展为主题，以深化体育供给侧结构性改革为主线，注重需求侧管理，以改革创新为根本动力，促进体育产业专业化、品牌化、集聚化发展，推进体育产业数字转型、智能升级、融合创新，更好地满足人民对美好生活的新期待，为体育产业成为国民经济支柱性产业奠定坚实基础，为构建以国内大循环为主体、国内国际双循环相互促进的新发展格局贡献力量。

资料来源：

黄海燕. 新阶段、新形势：我国体育产业发展战略前瞻 [J]. 上海体育学院学报，2022，46（1）：20-31，51.

[知识点回溯]

体育产业的管理，指对整个产业的管理、对产业中某一组成部分的管理，即宏观上管理；也包括对某一具体企业的管理，即微观管理。管理的方法并不是对于任何企业任何情况都适用的，而且对于组成我国体育产业的为数众多的企业来讲，所面临的问题也各不相同，因此要对微观管理进行介绍便显得极为烦琐也缺乏意义。此处介绍的管理方法，主要是从宏观上对体育产业进行管理。

在管理的方法论中，将管理的方法分为管理的法律方法、管理的行政方法、管理的经济方法、管理的教育方法和管理的技术方法。它们构成了一个完整的管理方法体系。

——《新编体育管理学教程》第二版，作者刘兵，P287

[思考题]

1. 结合案例，简要阐述我国体育产业发展的特点。
2. 你对我国体育产业发展的前景有何看法？依据何在？

二、案例点评

该案例阐释了我国体育产业的发展现状及新特点，从宏观角度论述了我国体育产业良好的发展趋势，认为新发展阶段、高质量发展理念、区域协调发展战略、新型基础设施建设一系列重点战略乃至社会主要矛盾的变化都给体育产业发展带来了新的发展机遇。但是体育产业的发展通常是风险与机遇并存的，如国际外部环境、新旧产业服务迭代、社会人口结构变化，新冠疫情的巨大冲击。基于以上复杂形式，从双循环发展格局、数字化发展、竞赛表演业、户外运动产业、产业融合角度提出前瞻性发展战略。

近年来受疫情影响，体育产业的发展遭受了严重的冲击，多变的环境造就了体育产业的不平凡。疫情初始阶段，为响应疫情防控要求，全国各地健身房、体育场馆均处于关门状态，体育消费滑坡式下降，体育产业遭受沉重打击，体育赛事同样不例外，均发布了相关延期或取消通知，随着体育活动的限制，体育用品行业需求也急剧下降，众多体育企业遭遇前所未有的亏损状况。

为恢复体育产业发展活力，政府进行体育消费券的派发活动，企图借此培养体育消费习惯，促进体育消费，同时对企业进行了不同程度的资金补贴，旨在帮助体育企业恢复经营。与此同时，"体育+互联网"的创新发展模式空前壮大。得益于互联网，体育健身实现了线上、线下发展新模式，民众健身意识大幅增强，人人均可通过线上的专业指导进行居家锻炼，体育直播催生的体育行业线上带货模式为恢复体育企业正常运营贡献了不俗的力量，"体育+"的产业融合模式未来将逐步得到提升发展。

相较于发达国家，我国体育产业起步较晚，产业基础薄弱，产业发展经验不足，产业经营力度不够深入，但作为朝阳产业，在今后的很长一段时间里，它都有着广阔的发展前景。在一段时间里，我国体育管理体制被称为"举国体制"，其显著特征就是政府管理的高度主导权，对于当时经济发展处于初期并且想发展体育的国家来说，这是一个明智的选择。但是，政府力量的过度强化大幅降低了社会参与体育的积极性，一定程度上抑制了体育产业的发展。政府应适当"放手"，赋予体育产业市场化自主发展的权利，激发产业发展活力，形成政府主导、多元参与、居民自治、良性互动的发展模式。此外，需积极发挥主导产业的引领作用，选择具有较强扩散效应的产业作为主导产业，如案例中提及的竞赛表演业，以点带面，促进体育产业的整体发展。

我国正处于从体育大国向体育强国转变的关键时期，应积极抓住产业发展机遇，因时制宜，提升体育产业管理效率与水平，更好地满足群众日益增长的体育需求。

三、资源链接

[1] 伯尼·L. 帕克豪斯，等. 体育管理学——基础与应用 [M]. 4 版. 裴立新，成琦，等编译. 上海：华东师范大学出版社，2009.

[2] 曹可强. 体育产业概论 [M]. 上海：复旦大学出版社，2005.

[3] 殷鹏，任波，王锴. 高质量发展视角下中国体育产业治理的三维逻辑与创新路径 [J]. 体育学研究，2024，38（1）：11-23，62.

[4] 李越苹，朱淑玲，赵延敏. 中国式现代化视域下体育产业高质量发展困境与路径 [J]. 体育文化导刊，2024（1）：76-83.

[5] 党挺. 国际体育产业数字化转型特点与启示 [J]. 体育文化导刊，2022（2）：91-97.

[6] 赵雯婷，张冰，张锐. 国际视阈下体育产业研究热点与启示 [J]. 体育学刊，2022，29（2）：72-78.

［7］王凯．新时代体育治理体系与治理能力现代化建设的政府责任——基于元治理理论和体育改革实践的分析［J］．体育科学，2019，39（1）：12-19，34．

［8］杨双燕，许玲．英国体育文化创意业发展及对中国体育产业的启示——基于主导产业扩散效应理论视角［J］．北京体育大学学报，2015，38（1）：45-50，56．

案例 ② 运动项目产业发展管理

一、案例简介

运动项目产业发展潜力是对各运动项目产业化发展前景及后续能力的判断,是现有产业资源在内外因素作用下形成的可能在未来得以发挥的潜在能力。分析运动项目产业发展潜力的来源,并寻求将发展潜力转化为现实竞争力的显化动力,是推动体育产业高质量发展的理论与现实需要。

(一) 我国运动项目产业潜力挖掘不足的现实

从需求端来看,2019 年我国人均 GDP 已突破 1 万美元大关,恰好处于运动项目产业品类快速拓展、消费明显升级的临界点,预计到 2025 年,我国体育消费总规模将超过 3 万亿。据统计,我国约有 1.3 亿人参与户外休闲活动(占总人口的 9.5%),有 6000 万人热衷参与徒步、登山、露营等运动(占人口的 4.38%)。2019 年我国马拉松累计参赛人次达 583 万。

从供给端来看,2019 年,美国户外运动产业增加值高达 4598 亿美元(约人民币 3.17 万亿),已占到 GDP 的 2.1%,而我国体育产业增加值为 1.125 万亿,运动项目产业占比相对较少。此外,我国运动项目产业存在结构不完善、开发不充分、链条不完整等问题,产品层次偏低、同质化较严重,服务供给延续性不强,运动技能培训水平不高。

基于当前我国运动项目产业潜力挖掘不足的现实,为促进运动项目产业高质量发展,必须寻找其未来成长空间和发展前景,把潜在优势转化为竞争优势。发现、积累和激发产业目前所隐藏的并能为未来开发所用的优势和能力,也是提高我国体育产业国际竞争力的重要举措。

(二) 运动项目产业发展潜力的内涵、外延及来源

结合众多研究成果,本书认为,运动项目产业发展潜力是指运动项目产

业的现有资源在内、外在因素的影响下所形成的可能在未来得以发挥的潜在能力,这种能力可以在一定条件下转化为产业竞争力和发展力。

运动项目产业是由多层次的功能关系和空间关系共同形成的复杂系统,其发展潜力涉及产业内外诸多要素的相互作用,从而形成具有一定结构和功能的有机整体。基于对既有研究成果的分析和产业发展理论的回顾,结合运动项目产业特征,认为运动项目产业发展潜力的形成主要受到内在的成长性、市场的扩张性及外部环境的影响,据此可以将运动项目产业发展潜力分为自我成长潜力、市场扩张潜力和外源支持潜力。

产业发展具有序列性和层次性,识别运动项目产业发展潜力的来源所在,有助于判断各运动项目产业的发展前景,合理推进项目产业化进程。

自我成长潜力是指产业内在因素尤其是核心产业部门所带来的产业持续成长的能力和空间,是产业发展潜力最核心的因素,决定着运动项目产业形成和发展的要素水平及配置状况。自我成长潜力的来源包括运动项目的特有属性、高效的企业经营管理、合理的产业组织形式、规模化的产业集群等。

市场扩张潜力是产业内部与外界对接、匹配所带来的市场份额扩大的能力,是产业得以发展壮大并转化为现实竞争力的重要途径,联结着产业主体与外界的互动交流。市场扩张潜力的来源包括丰富的自然资源禀赋、高质量的生产要素等。

外源支持潜力是产业所处的环境在各个层面为产业发展所创造的空间,为产业潜力的积累提供必要的经济、政治、文化和社会等环境支撑,为产业发展潜力的提升提供必要保障。外援支持潜力的来源包括较高的城市化水平、配套的关联产业等。

(三) 运动项目产业发展潜力的特征

第一,非现实性和可预测性,由于运动项目产业发展潜力是一种潜在能力,具有内隐性,而且难以量化,需要通过对产业发展现象及发展条件进行深入分析才能判断,但是可以基于现有发展状态做出预测,强调未来向度。

第二,持续性和动态性,运动项目产业发展潜力是一个阶段的潜在能力积累,对产业发展的影响是长期的、可持续的,并且需要在一段时间内经过一定量的积累和质的提高,才会显示出一定发展势头。同时,发展潜力会随社会经济政治环境变化而变化,可能增长也可能消失。第三,地域差异性,体育活动的空间组织、运动项目文化的形成与空间扩散、产业的区位选择等,使运动项目产业发展与地理条件紧密勾连。第四,条件限制下的可转化性,运动项目产业发展深刻根植于社会经济发展、要素资源禀赋、项目文化基础等条件,需要通过满足一定条件来实现,而且转变的难易程度、所需时间、催化手段、支撑要素等各不相同。

(四) 运动项目产业发展潜力的显化动力

要实现运动项目产业高质量发展,不仅要提升其产业发展潜力,更重要的是将产业发展潜力转化为现实层面的产业竞争力。为此,需探究运动项目产业发展潜力的显化动力。结合相关研究与产业发展实践,运动项目产业发展潜力的显化动力包括技术创新与制度创新、赛事活动与营销推广、产业链整合与产业间融合等。

1. 技术创新与制度创新

技术创新、制度创新被公认为是产业发展的主要驱动力。交通技术日益发达,调动了运动消费积极性,有效推动了远程体育市场发展;现代媒体技术的发展,为体育比赛提供了极为广阔和便捷的传播渠道;现代信息技术的广泛应用,有利于深度挖掘用户需求,促进运动产品和服务质量的提升。除此以外,制度创新在运动项目产业发展潜力转化为现实能力的过程中同样发挥着重要作用。运动项目产业的可持续发展需要有微观层面的企业制度推动效率与质量提升,中观层面的市场制度保障资源自由、有效流动,宏观层面的产业政策和相关管理体系营造良好产业环境。我国职业体育改革就是制度创新的典型实践案例。

2. 赛事活动与营销推广

依托体育赛事活动、体育媒体平台、明星运动员等资源,通过广告、公关、促销等营销手段,加强运动项目产业和目标消费者之间的联系,是发现和发掘潜在运动消费需求的重要途径。体育营销活动能有效扩大运动项目受众的覆盖面,并利用各种媒介平台使其对运动产品及服务形成有效记忆,从而促进潜在需求转化为实际运动消费,实现产业发展潜力向实际竞争力转化。

3. 产业链整合与产业间融合

各个产业部门之间基于一定的技术经济关联并依据特定的逻辑关系和时空布局关系客观形成的链条式关联关系形态，使链条中参与分工与协作的企业和组织联系更紧密、互动性更强，规模经济效应也更为显著，从而整合形成更大的竞争优势，促进运动项目的深度开发。延伸越长、要素越完备的运动项目产业链越能够产生强大的吸附力量，吸引新的生产要素和新企业不断加入，进一步发挥运动项目产业的辐射带动作用，支撑产业发展潜力向竞争力演化。

当前我国运动项目产业正处于发展的起步阶段和黄金时期，识别和判断各运动项目产业化的发展前景及后续能力，积累和激发产业目前所隐藏的、能为未来开发所利用的优势和能力，是增强运动项目产业引领示范作用、实现体育产业高质量发展的重要途径。从一般认识层面来看，自我成长潜力、市场扩张潜力、外源支持潜力共同构成运动项目产业发展潜力，并且能够在技术创新与制度创新、赛事活动与营销推广、产业链整合与产业间融合等条件下显化为产业现实发展力和竞争力。但不同的运动项目具备独特的核心能力、发展特征和链条模式，因而不同来源及其显化条件的重要程度和作用方式各不相同，难以一概而论。后续研究将探究不同运动项目产业发展潜力的个性化问题，为产业布局、投资决策、资源优化配置及市场开发提供依据。

资料来源：

胡佳澍，黄海燕．运动项目产业发展潜力的特征、来源及显化动力 [J]．体育学刊，2021，28（6）：59-66．

[**知识点回溯**]

发展体育产业的主要目的是充分发挥体育的经济功能，缓解资金短缺，增强体育发展的活力。体育产业管理具有如下四个特点：以效益为核心、以市场为导向、以法治为保障、以经济方法为主要管理手段。

——《新编体育管理学教程》第二版，作者刘兵，P289～290

[思考题]

1. 谈谈你对运动项目产业的理解。
2. 结合案例，分析中国体育运动项目产业的发展现状及趋势。

二、案例点评

运动项目产业是指以某一具体运动项目及其相关产品与服务为经营对象的一系列经济活动，是大众对运动项目的需求发展到一定层次，达到一定规模后催生出的新兴产业形态。近年来，在《冰雪运动发展规划（2016—2025）》《马拉松运动产业发展规划》《山地户外运动产业发展规划》等政策的有力引导下，我国运动项目产业蓬勃发展。

随着社会经济的发展、生活水平的提高，人们对于消费已不再满足于简单的物质层面，更多人开始追求精神层面的满足。外加受疫情影响，人们的健康意识进一步提高，对于运动和健康的需求呈井喷式增长。但已有的运动项目发展水平无法满足消费者的需求，存在产业潜力挖掘不足的问题，产业竞争力有待增强。为此，在体育运动项目的管理过程中首先要正确意识消费者对运动项目体验性、观赏性、趣味性的需求，构建更加完善的组织管理体系，呈现更加精彩的项目内容。政府部门根据实际情况出台并实行相关法律条例及政策，确保运动项目的有序、多样化开展。

另外，鉴于运动项目产业对自然资源的高度依赖性，管理者可充分利用自然资源的不可复制性，开创独具一格的运动项目，塑造产品差异化，从而获取竞争优势。同时，注重协调自然资源与产业发展的平衡关系，促进生态环境可持续发展。此外，由于产业发展必须配备相应的基础设施，管理者应积极提升基础设施建设水平，以适应产业的竞争优势塑造需求。

任何产业的发展都不是独立的，都有相应的产业链，如教育、金融、旅游等产业与运动项目产业有较强的关联性。教育产业可根据运动项目开设相关培训指导课程，在原本基础设施的基础上挖掘潜在价值；金融产业可出于对消费者的人身安全考虑设置体育保险项目；运动项目时常出现在旅游过程中，丰富旅游产品内容，有利于各项产业有机融合，塑造更大的经济规模。

三、资源链接

［1］韩开成．体育管理学［M］．重庆：重庆大学出版社，2019．

［2］高雪峰，刘青．体育管理学［M］．北京：人民体育出版社，2009．

［3］肖林鹏．体育管理学［M］．北京：北京师范大学出版社，2011．

［4］刘兵．我国体育产业发展的内在动力、存在问题与升级路径［J］．武汉体育学院学报，2019，53（8）：37-43．

［5］徐开娟，黄海燕，廉涛，等．我国体育产业高质量发展的路径与关键问题［J］．上海体育学院学报，2019，43（4）：29-37．

［6］杨岚凯，周阳．国外发达国家休闲体育产业发展及启示［J］．理论与改革，2017（3）：138-145．

［7］张瑞林，王先亮．中国体育产业发展机制创新研究［J］．成都体育学院学报，2016，42（3）：19-24．

［8］张瑞林．体育产业管理协同创新［J］．北京体育大学学报，2012，35（10）：1-5．

［9］曹彧，王子纯．三部门：推进"十四五"农民体育高质量发展［N］．中国体育报，2022-06-24（1）．

［10］王世让．拉动消费 打造经济新增长点——"体育产业"成各地两会热频词［N］．中国体育报，2024-02-01（1）．

［11］国家体育总局，国家统计局．2022年全国体育产业总规模与增加值数据公告［EB/OL］．（2023-12-29）［2024-02-28］．https：//www.sport.gov.cn/jjs/n5039/c27260758/content.html．

［12］国家体育总局办公厅．关于恢复和扩大体育消费的工作方案［EB/OL］．（2023-07-20）［2024-02-28］．https：//www.sport.gov.cn/jjs/n5039/c2581-4420/content.html．

［13］国家体育总局．国家体育产业基地管理办法［EB/OL］．（2023-07-17）［2024-02-28］．https：//www.sport.gov.cn/jjs/n5039/c25805492/content.html．

CHAPTER 10 第十章

体育旅游管理

  体育旅游产业在我国迅速发展，是当前最具活力的产业，现存种类众多。该产业按主题参与体育活动的程度分类，可分为参赛型、健身型、强身型、刺激型和观赏型；按不同出游目的分类，可分为休闲娱乐游、惊奇探险游、赛事观摩游、项目培训游、民间传统游和健身度假游。

  在特定的体育旅游组织中，为了实现体育旅游发展的预期目标，以体育旅游者为核心，使社会资源和生产力各要素在整个体育旅游行业内得到有效配置，推动体育旅游业持续发展所进行的协调活动就是体育旅游管理。体育旅游管理具有综合性、复杂性、风险性、适度超前、开放性、创新性特征，在组织层面上分为宏观管理和微观管理。

  在管理过程中，为帮助产业确定经营总方针、寻找最佳的市场机会和制定市场竞争策略，体育旅游企业将属于某一整体客源市场的旅游者，按一种或几种因素进行分类，并形成不同特点的各个子市场的活动。体育旅游业市场细分标准主要依据地理、人口、心理行为。同时，通过考虑市场规模与发展潜力、市场结构、产业经营目标与资源来选择目标市场，过程中应分析细分市场、评估目标市场、确定竞争对手。

  为确保体育旅游产品设计、服务实施和售后服务的质量，相关部门需遵循以体育旅游消费者为中心，发挥领导关键作用，全员参与，系统、持续改进，依据事实，全面受益等多项原则，有效对产品进行质量计划、控制和改进的管理过程，并在后期进行内外部系统评估。

  本章的"因地制宜　展基层体旅特色"以多个乡村地区为例，阐述各地极具本土特色的体育旅游发展之路；"国外体育旅游发展特点、案例及启示"则以波兰、法国、新西兰的体育小镇为例，论述国外体育旅游市场发展特点及对我国的启示。通过本章学习，有助于学生学习体育旅游产业发展管理的创新思路，体会国外体育小镇的发展策略及优势之处。

案例 ① 因地制宜　展基层体旅特色

一、案例简介

（一）体育与旅游相得益彰

如果要评选近两年夏天最火爆的体育赛事，来自贵州的"村BA""村超"当仁不让。

"村BA"全名贵州省"美丽乡村"篮球联赛，于2022年7月在台江县台盘乡打响。比赛往往从早上一直赛到凌晨，观众热情高涨，现场气氛火爆，各类媒体持续跟进，网络热度居高不下。同时，在以苗族吃新节为代表的民俗节庆活动和接地气的比赛奖品加持下，"村BA"迅速火爆出圈。2022年7月至今，"村BA"全网浏览量累计超过50亿人次。

2023年，贵州当地再次策划推出"村超"，即黔东南榕江县和美乡村足球超级联赛，将全国视线聚焦到贵州乡村振兴与"三大球"振兴融合的实践样板上，打造中国最具氛围的足球赛，让全国人民感受到全民足球的快乐。

总结"村BA""村超"成功的经验，因地制宜不得不提。当地结合自身体育资源和少数民族特色，赛事坚持姓"村"，坚持以乡民为主体、坚持乡球公益、坚持乡土气息。运动员、组织者、观众都是当地乡民，奖品都是农特优产品，在组织过程中尽可能地保持群众的参与感、快乐感，追求的是纯粹的热爱，群众参与度极高，突出了乡民群众在赛事活动中的主体地位。"村BA""村超"讲述的是纯粹的基层篮球、足球故事，更是独一无二的贵州体育故事。

随着"健康中国"国家战略的持续推进，体育与旅游的融合发展已成为新趋势。从"打造山地民族特色体育强省"到"创建全国体育旅游示范区"，做好体旅融合、发展体育产业已成为贵州全省上下的共识。

对于丰富体育旅游产品体系，贵州首先充分发挥山地资源优势，积极开发高桥极限、洞穴探险、路跑健身、山地骑行、户外拓展、冰雪运动、攀岩徒步、低空运动等山地特色体育旅游新业态，培育体育旅游精品赛事，丰富体育旅游新业态。同时，围绕高桥峡谷和洞穴资源开发高端体育旅游产品，围绕乡村振兴开发健身休闲体育旅游产品，围绕春、夏、秋、冬四季开展体育旅游体验季活动。

其次，在贵州旅游产业化与高质量发展背景下，通过举办体育赛事，打造山地民族特色体育旅游名片，将在"十四五"期间持续推进体育旅游基础设施建设，包括体育公园、自行车道、健身步道、示范基地等内容，全力推动体育旅游全面发展，着力加快60个体育旅游示范基地和10个体育特色小镇布局，推进体育旅游示范县创建工作，重点打造10项自主品牌赛事，扶持10家龙头体育企业，培育10条体育旅游黄金线路，积极引进国际、国内优秀体育企业落户贵州，力争在山地旅游装备制造业方面有所突破。

最后，通过建立贵州山地特色体育旅游理论体系、标准体系和人才培养体系，积极培养和引进体育旅游专业人才，加大现有体育旅游基础人才培养力度，引进体育旅游高层次人才、体育旅游专业人才、体育旅游职业经理人，通过培养和引进两个途径，双向发力，有效缓解贵州体育旅游专业人才不足的状况，为贵州体育旅游健康发展提供人才支持。

（二）体旅与生活相映成趣

因地制宜的另一个样本，当属如火如荼开展的社区运动会。作为办在群众身边的赛事，社区运动会重在基层、重在多样、重在特色，不但切实增强了群众身体素质，还充分发挥了体育赛事增进邻里交往、增强社会认同感的多元价值和作用。

在江西上饶婺源县珍珠山乡，覆盖全县的农耕（趣味）运动会已举办多年，在农民丰收节期间，当地组织开展"推媳妇回娘家""车水抗旱""稻田抓鱼""晒场收谷"等众多与农村生产生活紧密结合又趣味十足的项目，打响了"体育+农旅"品牌。在上海长宁，多个社区在暑假期间举行亲子社区运动会，设置滚铁环、扔沙包、投壶、套铁圈等"历史悠久"但也趣味十足的项目。通过一家三代的共同参与，孩子体验了祖辈、父辈儿时的快乐，爷爷奶奶、爸爸妈妈也看到了孩子顽强拼搏、冲劲十足的另一面。

(三) 赛事与乡村共同发展

在四川成都，首届乡村运动节的举办意味着成都市奏响"体育助力乡村振兴"的乐章。成都市将为各村镇群众送去一系列赛事活动，以助推村容村貌升级改变，进一步赋能体育助力乡村振兴的多元功能和价值。此外，成都市将陆续在温江区黄石社区、新都区三河村、青白江区三元村等地推出羽毛球、足球、山地自行车、太极拳、滑雪等多个深受乡村群众喜爱的体育赛事活动，并引入单项协会进村帮扶，通过打造运动公园等举措助力乡村振兴，并鼓励村镇结合自身特色，打造乡村体育旅游目的地，通过"乡村+体育+旅游"发展路径，吸引游客体验运动健身、旅游度假。

成都市在乡村运动节对10个"成都乡村体育旅游目的地"进行重磅推介——新都区三河村将以"农业+足球+音乐"为发展方向，创新推进农商文旅体融合发展；双流区云华社区将借力航空地域优势，培育"网红"打卡地空港花田；都江堰市光荣村则以水上漂流为主要特色，持续打造山地户外运动特色旅游度假区；彭州市宝山村则以打造"西部最大户外运动中心"为目标……体育资源成为乡村振兴路上一股强劲的动力。

(四) 山地与运动珠联璧合

在河南洛阳洛宁县，中国公路自行车联赛等高规格的自行车赛事给当地经济发展注入了体育力量。据了解，洛宁县近年来累计投资7000余万元，建成长达37公里的环嶕峣山国际自行车赛道，被命名为全省"最佳赛区"之一，同时，结合"四好农村路"建设，对自行车赛道和道路绿化进行提升，体育基础设施的不断完善为当地引入体育赛事及举办体育活动创造了条件，也加速了当地"体旅融合"发展的进程。依托山势修建成的自行车赛道，将洛宁县城和乡镇的美景串联，使山村的溪谷花木被更多游客关注。体育基础设施的建设和体育赛事的引进，不仅带动了当地村镇旅游业发展，增加了农家乐、景区收入，还带动了当地基础设施的进一步完善，方便村民出行和生活。

赛事进山又进村，有效带动体育与旅游、文化、农业等融合共存共生，讲故事、传文化、展产品，让各地游客在欣赏赛事之余，体验当地的风土人情、民俗传统，不只让村民腰包富起来，也让乡村变得更美、更宜居。

资料来源：

[1] 林剑. 坚持人民至上　聚焦四大难题——推动全民健身公共服务提质增效 [N]. 中国体育报，2023-07-20 (7).

[2] 丰佳佳. 乡村振兴路　体育赋新能 [N]. 中国体育报，2021-12-14 (6).

[3] 杨雁，王旗，姚炅岑. 山地与运动珠联璧合　体育与旅游相得益彰——贵州创建全国体育旅游示范区取得阶段性成果 [N]. 中国体育报，2021-10-13 (4).

[4] 陈旭东，沈克印. 乡村体育赛事助力乡村振兴的内在机制、经验启示与培育路径——以贵州"村BA"为例 [J]. 沈阳体育学院学报，2023，42 (6)：8-14.

[**知识点回溯**]

在推进"全民健身"和"全域旅游"两大战略背景下，大力发展体育旅游是丰富体育产品体系、拓展体育消费空间、促进体育产业转型升级的必然要求。体育产业与旅游产业融合的模式可分为三种，即体育健身休闲业与旅游业的融合发展模式、体育竞赛表演业与旅游业的融合发展模式、体育场馆服务业与旅游业的融合发展模式。

体育旅游业发展重点应该是在环城游憩带、自然风景区、旅游度假区、乡村旅游区等开发常态化的参与体验型体育旅游产品，即运动休闲项目的旅游化和度假化，这是体育旅游业态的拳头产品。体育赛事活动与旅游产业融合所形成的赛事旅游，只能作为体育旅游业的配套产品。

——《新编体育管理学教程》第二版，作者刘兵，P301～303

[**思考题**]

1. 结合案例，简要分析各地发展体育旅游产业的主要思路。

2. 简析基层发展体育旅游产业的成功经验。可从哪些方面进一步改善产业发展现状？

二、案例点评

2014 年国务院印发《关于加快发展体育产业促进体育消费的若干意见》，其中明确了体育产业融合的发展路径，强调了体育旅游产业的重要引领作用。此后，体育旅游相关的文件如雨后春笋般接连出台，从不同维度积极支持和引导我国体育旅游产业健康发展。

在本案例中，多个地区积极响应国家政策，根据当地自然环境、乡土风情、体育资源等打造极具地方特色的体育旅游产品，以创新思维和创新融合方式宣传传统文化、传递体育精神，其成功发展离不开以下三点。

一是以体育旅游者为核心。作为产业生存和发展的先决条件，没有游客，体育旅游便无从谈起，配套产业也失去了服务的对象。在产业发展过程中，政府、企业、村落乃至村民个人皆有共同的发展目标。各方面通过不同层次的资源协调，想游客之所想，以游客体验感为先，进行有效配置资源，共同推进产业发展。

二是打造特色产业。产业发展切忌同质化。各地区在打造产品时皆根据实际情况因地制宜，不仅是对自然、人文资源的利用，更是对游客深层次文体旅产品需求的深入探索。两者兼顾，才能打造独一无二的精品特色项目 IP，逐渐形成品牌效应。

三是有效市场营销。为抢占市场，有效的市场营销必不可少，互联网、自媒体作为当前主流的宣传推广方式，合理地运用可在短时间内进行更大范围的宣传，向外传达产品的特色和优势，吸引更多体育旅游爱好者，如"村BA"在互联网的助力下在短时间内为更多人所熟知。

三、资源链接

[1] 黄海燕，张林. 体育旅游 [M]. 北京：高等教育出版社，2016.

[2] 柳伯力. 体育旅游概论 [M]. 北京：人民体育出版社，2013.

[3] 杨铁黎，苏义民. 休闲体育产业概论 [M]. 北京：高等教育出版社，2011.

[4] 张健，蒋依依. 体育旅游绿皮书：中国体育旅游发展报告（2020—

2021）[M]．北京：社会科学文献出版社，2022．

[5] 文化和旅游部，国家发展改革委，国家体育总局．京张体育文化旅游带建设规划 [EB/OL]．（2022-01-29）[2024-02-20]．https：//www.gov.cn/zhengce/zhengceku/2022-01/31/content_5671462.htm．

[6] 国务院．"十四五"旅游业发展规划 [EB/OL]．（2022-01-20）[2024-02-20]．http：//www.gov.cn/zhengce/content/2022-01/20/content_5669468.htm．

[7] 王珂，周亚军，宋豪新．体育旅游消费需求旺盛"体育+旅游"融合发展加速 [EB/OL]．（2022-07-13）[2024-02-20]．http：//finance.sina.com.cn/jjxw/2022-07-13/doc-imizirav3170384.shtml．

[8] 冯靖媛．数字技术赋能体育旅游业高质量发展：内在机理、现实困境与实践路径 [J]．山东体育学院学报，2024，40（1）：62-69．

[9] 王峰，温阳．场景理论视域下乡村体育旅游融合的理论逻辑、发展困境与纾解路径 [J]．沈阳体育学院学报，2024，43（1）：93-99．

案例 ② 国外体育旅游发展特点、案例及启示

一、案例简介

目前,体育旅游已成为全球性的文化现象,是当前旅游业和体育业发展的重要项目,同时也是新兴的旅游产品,有着巨大的市场前景。体育与旅游有机结合,一方面有益于创造新的旅游产品,另一方面有益于开发体育资源,丰富和拓展体育运动产品类型,使旅游者在旅游中寻找体育乐趣、强健体魄,在运动中观光赏景、陶冶情操。

(一) 国外体育旅游发展特点

1. 公园体育活动开展的整体性

体育与教育相结合。国外大部分自然保护地地广人稀,国家公园面积广袤,多数公园建有教育基地,对青少年及其他游客进行自然知识、野外知识及公园文化特色的教育,以增强青少年对环境与社会的责任感。体育运动是其中重要的一个方面,如徒步、攀登、野营等活动项目。

(1) 体育与探险相结合。由于国家公园保护完善,拥有丰富的野生动植物资源、面积广袤的荒野地、绵长的海岸线、高耸陡峭的悬崖等,所以寻求刺激和挑战的探险活动成为部分游客的目的之一。探险活动要求游客具备较高水平的体能,并经过一定的身体训练,还要配备足够的户外体育工具。

(2) 体育与原生态体验相结合。与挑战自然需要较高的体能不同,体验原生态则更多的是一种心理体验与感受,以及与自然和当地社区融合的游览行为。游客可以白天游览无人知晓的荒野地带,晚上回到公园舒适的自然小木屋,体验别有风味的自然生活。

(3) 体育与公园内外相融合。由于国家公园对环境保护有着严格的要求,一些体育娱乐项目和服务设施无法(或受到一定限制)在公园内设置,如蹦极、狩猎等。公园管理局鼓励在公园附近社区开发私营的游客休闲娱乐和服

务项目,并且与邻近的附属区建立合作关系,以满足游客娱乐活动的需求。

此外,许多户外教育学校和生态旅游经营机构也将目光瞄向资源丰富的国家公园,成为推动公园生态休闲旅游与体育活动开展的重要动力。

2. 公园体育设施开发的适度性

国外公园大多规定娱乐及体育设施应融入公园环境。例如,公园一般不建设全套的游乐设施,但允许建立规模适度的儿童游乐场、团体野外露营的户外运动场地。此外,公园一般对露营地场所的数量有所限制,公园设施建设应尽可能考虑残疾人的无障碍设计等。通常情况下,国家公园允许设置的体育娱乐活动设施包括船只、野营场所、自行车、马匹、潜水器械、滑雪器械、攀岩设备、游泳设施、越野汽车、滑翔伞等,这些娱乐设施必须符合公园的规定,并经过评估和许可后才能投入建设。

3. 公园管理体制的法制化

国外公园对体育休闲娱乐活动设有相对应的法律条文,在保护自然环境的前提下规范体育旅游的发展。例如,自1872年起,美国国会通过了《黄石公园法案》《国家公园事业许可经营租约决议法案》《国家公园及娱乐法》和《国家公园系列管理法》等一系列法律法规,使公园的发展目标与规划、土地保护、讲解与教育、公园设施、项目经营及资源管理等都有明确的规定,在法律层面上保障了国家公园旅游业的有序发展。

4. 运作机制的公益性与市场性

在联邦制国家,国家公园的主要资金大多来源于联邦政府的财政拨款。公园管理部门不得从事营利性活动,而应从事基本的公益性服务。但为了提高公园资源的利用率和游客的享受感,公园采用了差异化服务方式。体育休闲娱乐活动服务与商业性游客服务等采取特许经营和商业用途授权方式进行,通过授权一些商业实体在公园适宜的区域开展相应的娱乐体育活动,满足游客的休闲需求。

(二) 国外体育旅游发展案例

1. 波兰坎皮诺斯国家公园

坎皮诺斯国家公园(Kampinos National Park)在保护自然环境的基础上,

基于科学研究、教育及旅游、娱乐和摄影等商业目的，以不会对公园内的野生动植物资源产生不利影响的方式，举办了上百场与体育旅游相关的赛事活动，包括自行车比赛、跑步比赛、马拉松比赛和徒步比赛等。举办体育类赛事活动是当前该国家公园的基本任务之一。

由于坎皮诺斯国家公园位于华沙附近，拥有众多的步道、多变的地形、优美的自然环境及便利的交通，地形条件适合组织马拉松、跑步等体育活动，公园当局组织体育活动的兴趣非常大。考虑到这些活动项目可能对该地带产生的潜在负面影响，坎皮诺斯国家公园对以体育竞赛为主要目的的活动项目发放数量有限的许可证。这些体育赛事具有娱乐性质，并以家庭为导向。赛事活动范围基于《自然保护法》而设置。该国家公园的保护计划中标明了可用于人类活动的区域，如果要组织体育赛事，需要公园当局做出安排，包括获得公园负责人的书面同意。

2. 法国沙木尼休闲登山小镇

沙木尼小镇（Charmonix）位于法国中部东侧，毗邻意大利和瑞士，坐落在阿尔卑斯主峰勃朗峰脚下的山谷里。这里是现代登山运动发源地，被称为"户外爱好者的乐园""滑雪者的天堂"，每年接待超过200万的登山滑雪者和日常游客。

沙木尼小镇成为户外运动的天堂得益于其得天独厚的自然地理位置——小镇海拔1035米且位于山谷中，是理想的登山活动出发点，阿尔卑斯山的主峰勃朗峰也为小镇带来了独一无二的登山资源。

沙木尼拥有世界上最完备的高山运动教育培训系统，以世界上第一所登山向导学校——法国国家滑雪登山学校（ENSA）为代表。ENSA建立于1943年，由法国体育部直接管辖，其教学使命是"发展和提高山地运动水平，研究和分析山岳安全风险，训练高水平运动员"。学校有着严格的培训、考核、认证体系，经过几十年的发展，培养了一大批国际顶尖的向导和登山家。

在法国，登山向导对顾客的行为承担法律责任，这些以技术高超、经验丰富、责任感强而著称的向导在全世界都享有盛誉。ENSA开设的教学项目有登山向导、滑雪教练、高山协作、救援、滑翔伞教练。由于ENSA的存在，沙木尼成为全球登山标准的制定者，完善的培训和卓越的服务成为其登山产业发展的基石。

在吸引登山游客的基础上，沙木尼注重相关体育项目、赛事、休闲、文化艺术产业的开发。滑雪、高山滑翔、溪降运动等也开展得非常广泛。2003年环勃朗峰超级越野赛正式举办，作为世界上著名的越野赛事之一，2016年吸引了超过2000名越野跑精英和数万名跑步爱好者参与。

3. 新西兰皇后镇

新西兰皇后镇（Queenstown）位于新西兰东南部瓦卡蒂普湖边，被南阿尔卑斯山环绕，是世界蹦极的发源地。皇后镇被誉为"探险之都"的原因在于其得天独厚的自然资源。南阿尔卑斯山是新西兰最高大的山脉，巍峨高耸、峡湾众多，是蹦极的极佳选择。美丽的瓦卡蒂普湖是新西兰第三大湖泊，因形状独特且有特殊的潮汐现象而颇具特色。除蹦极外，滑雪、喷射快艇和山地自行车均是"探险之都"皇后镇的热点项目。

同时，小镇独有的自然地理资源优势也适合发展其他不同的极限运动，进一步形成了极限运动的集群效应。小镇所处的南阿尔卑斯山南段，山体陡峭，激流奔涌，山顶被冰川覆盖，能进行攀山、漂流、山地自行车和冰川徒步等活动。在冬天，整个山体被冰雪覆盖，小镇附近有四处天然滑雪场。瓦卡蒂普湖湖面开阔，能发展帆船划艇和水上飞机活动。小镇还开展了滑翔伞、跳伞、热气球等项目。由于地理条件复杂多变，小镇可发展的项目众多，成为有超过200多个项目的综合性户外运动的"探险之都"。

皇后镇的体育和旅游产业为经济发展提供了强大动力，双轮驱动的体育小镇在全世界尚属少见。户外运动作为皇后镇旅游发展系统中的重要元素，是形成体育旅游共生体的基本条件。皇后镇则利用高山峡谷、急速湍流、皑皑白雪等优越地势，开发了激流泛舟、跳伞、滑雪、蹦极、喷射快艇、漂流、山地自行车等户外运动，为各地户外运动爱好者提供了良好的体验场地。

体育旅游中多样性的旅游产品可以满足各类游客的差异化需求。除惊险刺激的户外项目外，皇后镇依托美景、历史、文化，开发了休闲度假、节庆旅游、婚庆旅游等深度体验产品，同样吸引了大量游客。

（三）国外体育旅游发展启示

国外的体育旅游发展时间比较长，运作模式和整个生态形式相对较为成熟，为我国体育旅游发展提供了很好的经验借鉴。

1. 完善景区管理的法律法规

相关法律法规的完善，可确保景区体育旅游在法制化的框架下遵循整体性与科学性的发展路径。在相关法规条文的规范下，有序开发体育资源，适当设置体育休闲娱乐活动，体现体育运动的教育功能、生态功能及娱乐功能，均是促进景区体育旅游发展的重要驱动因素。

2. 加强基础设施建设

景区可扩大基础设施建设，建立相应的监督和管理机制，改善景区周边的交通环境，节约游客的交通时间。基础设施的改善有利于提升体育旅游产品的品牌效应，增强游客的用户体验。

3. 结合实际情况多元化设置体育休闲娱乐活动项目

景区在开发中保持当地特色的同时，完全可以将当地体育文化的研究与旅游资源的开发密切联系起来、有机结合起来，从而达到经济上的最佳效益。景区可开展富有地方风情民族特色的各式各样的民族体育活动，可以在著名景点结合实际向人们展现民族体育文化，邀请游客参加民族体育运动，使游客在感受山水之美的同时，感悟民族体育文化。

4. 加快本土体育旅游专业人才的培养和引进

体育旅游专业人才是体育旅游资源开发与经营的关键因素。目前，我国只有少数高校设置体育旅游专业，为解决体育旅游专业人才短缺问题，可适当在高校旅游专业中增开体育旅游专业或增开体育旅游课程。景区可与当地体育产业部门和旅游管理部门联合开办培训班，培训紧缺的体育旅游资源开发和经营人才。加强体育休闲与健身旅游意识教育，加速培养人才，充实"软件"质量。

5. 加大体育旅游投入力度

加快体育旅游基础设施建设需遵循体育旅游经济独特的发展规律，多渠道、多形式地加大体育旅游投入，加快实现由大投入小产出向小投入大产出、不投入也产出的阶段转变，大力提高体育旅游产业的投入产出水平。景区可完善优化与体育休闲娱乐活动相关的配套设施建设，并且加大旅游招商引资力度，坚持对内对外开放结合，引进内资外资并举，做到"项目要成熟、政策要到位、环境要优化"。

6. 加强媒体宣传力度

景区可充分发挥广播、电视、报刊、新闻媒体和网络的宣传作用，捕捉其体育旅游的亮点与特色，以短视频、访谈、专题报道或融入其他观众喜爱的节目等多种多样的宣传形式，向公众详细介绍其开展的体育休闲娱乐活动，吸引人们的注意力，使他们产生到景区体验休闲娱乐活动的兴趣。通过媒体宣传，让民众了解景区、向往景区，最后消费于景区。

我国国土辽阔、历史悠久、民族众多，体育运动类型呈多样化，运动的文化底蕴深厚，并融入民众生活的方方面面，这些使我国拥有丰富多元的运动休闲旅游资源。由于纬度跨度大，各地在地貌、气候等方面存在着很大差异，所以我国适合开展的体育休闲娱乐活动众多。而景区的存在则为体育旅游资源的开发和利用等提供了诸多便利条件。因此，体育旅游为旅游产业系统的升级和景区产品的提升，提供了一种有效的解决手段。景区可结合我国国情及自身实际情况，参考国外国家公园和自然保护地发展体育旅游的经验，打造具有中国特色的创新性的体育旅游品牌。

资料来源：

青蓝文旅. 国外体育旅游发展特点、案例及启示［EB/OL］. (2020-05-30)［2024-02-20］. https://mp.weixin.qq.com/s/CtT5I5a3MIj8FD35geyLaw.

[知识点回溯]

与传统旅游形式相比，体育旅游强调观赏与参与结合，主要分为三大板块，即体育赛事旅游、相关场馆旅游及体育活动旅游。体育赛事旅游，是指观众因某项体育赛事或体育比赛去往居住地以外的地方旅游的活动。相关场馆旅游指围绕著名体育赛事承办场地、相关博物馆、名人堂等场馆进行的旅游活动。体育活动旅游是指游客前往居住地以外的地方进行体育项目的比赛或练习的旅游活动，如滑雪、登山和高尔夫是世界范围内比较热门的体验式运动。

——《新编体育管理学教程》第二版，作者刘兵，P314～316

[思考题]

1. 结合案例，简要概括国外体育旅游发展的特点。

2. 搜索相关信息，思考国外体育旅游的发展经验对我国体育小镇建设的借鉴意义。

二、案例点评

以欧美国家为主的发达国家的体育旅游产业发展成熟，管理体制完善，产业链完整，催生了国家公园、探险、登山等主题的体育小镇、体育研学旅游等众多体育旅游类型，为我国体育旅游产业发展提供了如下经验。

（1）开发注重自然资源的原生态体验。原生态体验重点在于体育旅游消费者的心理感受。管理者应从当地得天独厚的地形和地理位置出发，因地制宜，根据现有条件开发相关旅游产品。例如，新西兰皇后小镇利用其丰富的自然地理资源，在不同的区段开发不同的极限运动，使自然与当地社区相融合，如此一来，旅游消费者在获取刺激感的同时，更能体验原生态的魅力。

（2）打造专业化、个性化的旅游产品。在法国沙木尼休闲登山小镇，独特的位置和地形使其成为现代登山运动的发源地。该小镇配备完善的高山运动教育培训系统，自然而然培养出一批顶尖的向导和登山家。同时，为吸引游客，有序开展相关体育项目、赛事、休闲、文化艺术产业，其中环勃朗峰超级越野赛就是世界闻名的越野赛事。

（3）建立完善的法律法规、管理体制。对公园的管理过程中，国外依据法规标准进行质量把关，从宏观角度制定公园管理体制，确保公园相关事项皆有法可依，保障体育旅游的有序开展。对于国家公园的建设发展资金，多采取政府财政拨款的形式，即通过经济手段对产业发展进行调控。

（4）倡导绿色管理理念。国外公园开展体育活动在利用原有自然资源获取原生态体验的基础上，同样注重与自然的和谐相处，不过度开发利用自然资源，对环境保护有着严格的要求，充分体现了绿色管理概念。在波兰坎皮诺斯国家公园，出于对绿色管理和可持续发展的考虑，赛事方采取了限制赛事许可证数量的方式，尽可能减少对地带的不利影响。此外，赛事活动的开展均需要遵循严格的法律制度和申请流程。

相较于发展体系成熟的国外旅游产业，我国体育旅游产业还处于发展阶段。在产业发展前期，除了需要国家政策的引导，同样需要法律法规的规范作用。在管理过程中，应积极借鉴国外绿色管理模式，加强各地区的基础设施建设，注重开发多元化的体育旅游项目，充分利用当地自然资源及特色文化，从多个方面提升体育旅游质量，满足体育旅游消费者需求，促进产业的快速发展。

三、资源链接

［1］杨铭．黄河下游地区体育旅游产业高质量发展：逻辑、困境与纾解［J］．体育与科学，2024，45（1）：96-105．

［2］王峰，温阳．场景理论视域下乡村体育旅游融合的理论逻辑、发展困境与纾解路径［J］．沈阳体育学院学报，2024，43（1）：93-99．

［3］曹胡丹，张艳娥，潘怡，等．国家体育旅游示范区助力乡村振兴探究［J］．体育文化导刊，2023（12）：39-45，66．

［4］张晓磊，李海．长三角体育旅游一体化发展：逻辑、困境与策略［J］．体育文化导刊，2023（9）：84-90．

［5］谷佳奇，彭显明，梁强．体育旅游赋能乡村振兴经验与保障措施——以浙江省为例［J］．体育文化导刊，2022（11）：15-21．

［6］侯宇亭，彭国强，陆元兆，等．全域旅游背景下我国体旅融合发展的协同效应与创新路径［J］．体育文化导刊，2021（10）：29-35，42．

［7］朱亚成，季浏．西藏体育旅游市场开发的PEST分析［J］．西藏民族大学学报（哲学社会科学版），2020，41（6）：205-212．

［8］杨敏，黄俊亚，罗锐．国外体育赛事旅游研究的演化路径及态势分析［J］．西安体育学院学报，2020，37（1）：73-80．

［9］韩敬全，龚伟娜，王晓强．论河北省体育休闲旅游市场的开发策略［J］．河北学刊，2014，34（2）：197-199．

［10］陶萍．乡村体育旅游循环经济型发展研究——基于低碳生态视角［J］．沈阳体育学院学报，2014，33（2）：64-67．

［11］廖春海．我国低碳体育旅游发展的走向［J］．体育学刊，2011，18（4）：53-56．

第十一章 文化与知识背景下的体育管理发展趋势

体育与文化管理趋势主要表现为从"经济人"假设到追求"自我实现人"假设的深刻变化、有形资源管理为主到无形资源管理为主、集权管理到分权管理的发展与组织精神的凝聚作用。

文化管理相对于科学管理和行为科学而言,管理的中心、对人的研究方法、研究的目的、管理特色发生了变化。文化对管理功能的改善表现在:文化给人以认同感,这一点无论是在国内还是在国外都是如此,特别是在人的行为和价值观方面,文化的作用更大;文化的知识可以使人更好地相互了解,当管理者们理解了文化的一般性和特殊性之后,他们可以更好地深化跨文化的内涵,协调相互关系,提高生产效率;文化的认知对发展和影响组织文化是十分有用的;文化的洞察力和工具对比较管理的研究十分有帮助,它可以使我们在从事领导和管理实践中的文化障碍变得更少;文化的敏锐性可以使我们认识和发展市场需求的多样性,以改变我们在国内外市场的经营策略。

知识管理是21世纪管理的最新趋势。对围绕体育领域发展知识的收集和管理,使每一位体育工作者都最大限度地贡献出其积累的知识,实现知识共享是体育领域进行知识管理的主要目标。在体育领域中进行知识管理,需激励体育组织中的任何一名成员,要有知识掌握的危机感,始终保持把握体育知识的敏感性;消除体育组织成员之间知识交流的障碍,实现组织内外知识的自由、直接交流;建立以计算机技术为中心的体育知识交流平台,并能把组织成员所贡献的最新知识和经验填充到计算机网络之中,使组织成员能够以最快的速度共享组织系统知识平台;体育组织要创造一个良好的环境氛围,提供各种从事体育工作的人员进行方便、自由、无障碍交流的条件和方式。

本章的"星光为何这般灿烂"案例论述了"经济人"到"自我实现人"的转变,一个和谐、团结、协作的组织文化氛围有助于积极性和创造性的发挥。"体育中的'黑科技'"案例体现了现代体育科技的发展,以及对知识的利用水平是影响体育发展的关键要素。通过本章学习,学生能进一步了解文化与知识背景下的体育管理发展趋势,对文化管理、知识管理的具体应用有更全面的认识。

案例① 星光为何这般灿烂

一、案例简介

(一) 匠心独运，众志成城

中国乒乓球界的领军人物曾说，别以为中国队有多大的技术优势，不少赛事都是"死里逃生"。我们的优势更多地表现在充分发挥集体的智慧和力量，表现在训练中的精心打磨和竞赛中的严密策划。在这一方面稍有疏忽，中国队的地位就有可能动摇。就单个而言，像本格森、约尼尔、克兰帕尔、萨尔霍扬、舒尔贝克和后来的梁英子、玄静和、瓦尔德内尔、刘南奎、佩尔森、盖亭、塞弗等，与同时代的我国运动员相比，可以说旗鼓相当、难分轩轾。论他们的个人技术或运动天赋，都非等闲之辈，只是他们在成长路上往往缺乏一种集体的烘托，缺乏一种仅靠个人难以完成的精雕细刻，缺乏一种咄咄逼人的精、气、神。恰恰在这些方面，中国乒乓球队是别人难以匹敌的。且看中国队在构建训练、竞赛系统工程中如何匠心独运，众志成城。

首先，他们坚定不移地贯彻"从难、从严、从实战出发，进行科学的大运动量训练"的原则。不少队员每天挥拍达 5000 次，针对技术难点和自己的弱点刻苦训练，集体攻关。组织男女对练，男帮女练。坚持主流打法的同时，积极尝试多种多样的打法，建立起"乒乓小世界"。据称，现在世界上 5 大类 12 种打法我国都有运动员能够掌握。有些国内竞赛，各种技术风格百花齐放，简直就是国际比赛的翻版。为了增强训练的针对性，中国队十分注意发现、培养与世界强手打法相似或相同的运动员，让他们与主力队员捉对训练，称为"陪练"或"模拟训练"，以此增强主力队员的适应能力。训练中还有意制造各种噪声，营造比赛场地的环境氛围。这些举措科学适用，增强了训练的实战色彩，提高了训练效果。

其次，在竞赛的临场指挥上，中国队把每个环节都组织得丝丝入扣。他

第十一章 文化与知识背景下的体育管理发展趋势

们群策群力，进行赛前分析，对可能出现的问题研究出预案。他们还凭借平日积累的技术档案，帮助运动员进一步了解对手的技战术特点，寻找制胜的办法。他们用兵布阵极其用心。听说过孙膑教田忌赛马的故事么？玩过石头、剪刀、布的游戏么？中国队自觉运用这些智慧，有时能准确地把对手最惧怕的克星派到对手的面前；有时又派出幕后埋伏着的"黑马"，出其不意，攻其不备。有的外国运动员就这么说："与中国队比赛，总感觉面对的不是一个中国选手，而是一个中国集体。"中国代表队阵容强大，技术水平整齐，这也是一大优势。体育竞赛虽说是实力的较量，但偶然性、随机性等不可测的因素依然存在。一支参赛队伍，如果尖子队员势单力孤，一旦马失前蹄就后继乏人。由于中国队猛将如云，每个关卡都是一道难关，外国选手往往"过了初一，过不了十五"。中国队则不用太过担心，因为"东方不亮西方亮，黑了南方有北方"，即使某一主力队员失利，也常会有人出来挽狂澜于既倒，获胜概率较大。

中国乒乓球队长期以来遵循贺龙元帅的指示，努力避免"内战内行，外战外行"，坚持"国内练兵，一致对外"，高扬爱国主义、集体主义旗帜，把"全国一盘棋"的指导思想贯彻始终、落实到底。

（二）问渠哪得清如许

仅靠技术精湛、战术成功也许可以使一支运动队伍在某个时候脱颖而出、一鸣惊人，但像中国乒乓球队那样，在近半个世纪的历史长河里砥柱中流、坚不可摧，总是保持着旺盛的士气、朝气和锐气，分明还有着更内在、更深刻的原因。

一是崇高而深沉的爱国主义精神。这支队伍从成立以来就自觉服膺"祖国的荣誉高于一切"。傅其芳、容国团当初毅然从香港回大陆，就是抱着为国争光的强烈愿望。容国团本来在香港一家渔行谋生。他回大陆参加中华人民共和国成立五周年乒乓球表演赛，渔行老板责问他，逼他写"悔过书"。容国团义正词严反驳道："爱国无罪，悔什么过？"岁月如梭，斗转星移。多少乒乓球运动员、教练员，面对五光十色的外部世界的诱惑，面对各种各样的价值观念的冲击，尽管有人彷徨过、选择过，但爱国主义自始至终是这支队伍的精神支柱，是支持这支队伍自强不息、日新又新的主心骨。这支队伍始终充满着对中华民族伟大复兴的热烈渴求，他们不仅承担着提高乒乓球运动水平、为社会主义祖国争光的历史责任，而且在特定的历史时期肩负着和平使者、民间外交的历史使命。无论是训练中还是竞赛中，他们都能够超越个人的情绪、超越个人的成败得失，将自己的事业和民族的振兴联系起来，并从这种联系中获取永不枯竭的力量源泉。

二是"胜不骄、败不馁"的思想气度。几十年来，在经久不息的掌声和色彩纷呈的鲜花面前，在十年浩劫和有时遇到不尽如人意的战绩时，中国乒乓球队始终保持清醒冷静，不骄不躁，宠辱不惊。战绩辉煌不自夸，尖子辈出不自诩。他们深刻地认识到：竞技赛场如逆水行舟，不进则退。胜败乃兵家常事，"胜了从零开始，败了打翻身仗"，是他们的格言。无数事实昭示人们，过度的喧哗和不必要的张扬只能带来额外的负担。崇高的理想和高标准的要求，使得这支能征善战的队伍总是任何时候都不敢懈怠，都不忘朝着世界乒乓球运动的高峰进击不止。

三是高瞻远瞩的战略眼光和求真务实的工作作风。长盛不衰靠的是行动而不是对概念的不断重复演绎。一支运动队伍，通常在新旧交替时很难严丝合缝，链条松动、后继乏力是常有的事情。总的来说，中国乒乓球队的新旧交替大都能够做到"光滑连接，平稳过渡"。这应归功于他们高瞻远瞩的战略眼光和求真务实的作风，认真落实后备人才建设，一线、二线、三线队伍的培养都不偏废、不放松，构成了一座目标一致、层层衔接的人才"金字塔"。他们建立起一种公平、公正、公开的选拔机制和淘汰机制，使一线、二线、三线队伍各得其所又灵活流动，不断增强运动员的竞争意识和危机意识。多数时候，中国乒乓球队不是一般的自然接班，而是新手奋力"抢班"，形成后浪推前浪的磅礴之势。再看中国乒乓球队历来的教练队伍，在世界乒坛，他们都能做到多谋善断、游刃有余。新旧交替能做到"光滑连接，平稳过渡"，这后面做了多少成功的策划和周密的安排，多少深入细致的具体工作啊！

四是拥有一个精诚团结的领导核心。中国乒乓球界以一种开明的态度和宽容的精神，鼓励技术上的"百花齐放"和学术上的"百家争鸣"，以此激活思路、防止僵化。他们总是小心保护运动员、教练员和科研人员的独立思考和创新欲望，不回避学术争论，总是能越过"众说纷纭，莫衷一是"的局面，把各种主张筛选、整合起来，形成主流思想并付诸实施。这在相当大的程度上是因为乒坛长期存在着一个有经验、有胆略、有权威的领导核心。他们尽管职务有变动，地位有变化，但从未将眼光从乒坛移开，而且时刻追踪着乒乓运动的技术前沿，关注着乒乓队伍的兴衰际遇，或勉励有加，或提出忠告，并在适当时候力排众议，做出正确的抉择。他们是中国乒坛清明、稳定的重要因素，是防止各行其是、一盘散沙的重要力量。

资料来源：

国家体育总局研究课题组. 星光为何这般灿烂？——为中国乒乓球队成立 50 周年而作 [J]. 求是, 2002 (14)：55-58.

[知识点回溯]

对行为科学的研究，使人们逐步认识了人的需要与工作积极性的提高有着密切的联系。随着行为科学研究的深入，人们发现一个和谐、团结、协作的组织文化氛围更加有助于人的积极性与创造性的发挥，从而，管理的发展经历了一个从"经济人"到"社会人"再到"自我实现人"的管理思维的飞跃。

——《新编体育管理学教程》第二版，作者刘兵，P342

[思考题]

1. 简要阐述文化管理发展背景出现的必然性。
2. 结合案例，你如何看待文化管理和体育管理的关系？

二、案例点评

"星光为何这般灿烂"案例反映了文化管理中对人的重视，体现了"经济人"假设到追求"自我实现人"假设的深刻变化。

任何系统均由人力、财力、物力、时间、信息等要素构成，有效的管理要求重视和发挥系统中每个要素的作用，尤其应重视"人"这一要素的作用，因为人是现代管理的核心。在本案例中，中国乒乓球队十分注重对队员的教育和正确引导，通过开展深刻的思想政治教育，抵挡外部诱惑和价值观的冲击，始终对自身目标理想保持清醒的认知。同时，正确对待成功与失败的教育，帮助大家不拘泥于一时，以平稳心态勇往直前追求崇高理想。此外，乒乓球队的成功离不开团队的力量。球队通过树立正确的价值观，形成了以价值观为纽带的体育文化，将崇高而深沉的爱国主义精神作为团队核心所在，面对敌手，认真组织各个环节，集思广益，以团队力量战胜困难。相比国外球队，集体精神的烘托、凝聚是中国球队取胜的独家秘诀。

一个团队的管理必不可少的是领导核心。在球队中，对每个人提出的技战术均保持辩证态度，不埋没、不回避，人与人之间保持平等的交流与沟通，最后以开明和宽容的态度理性筛选、整合，形成正确做法，小心保护队员的创新意识，激发其潜能，以上充分彰显了管理者的人情味。尊重人、关心人、培育人、激励人的文化管理核心不仅有益于团体力量的凝聚，更能推动团队组织向前发展，起到事半功倍的效果。

中国乒乓球队的成功不是偶然，领导核心的科学管理、队员对团队文化的认同、团体力量等文化管理的具体体现都是球队的制胜法宝。

三、资源链接

[1] 孙萍. 文化管理学 [M]. 3版. 北京：中国人民大学出版社，2015.

[2] 斯图尔特·克雷纳. 管理百年 [M]. 闾佳，译. 北京：中国人民大学出版社，2013.

[3] 钱津. 论现时代企业文化管理变革及发展趋势 [J]. 经济与管理评论，2020，36（6）：48-63.

[4] 苏庆永，司虎克. 基于知识管理的体育赛事风险管理 [J]. 体育科研，2008，29（4）：18-20.

[5] 王耀东，柳海民. 论教练员教育知识管理的建构 [J]. 北京体育大学学报，2015，38（10）：134-138.

案例 ② 体育中的"黑科技"

一、案例简介

体育,不仅是人们对更快、更高、更强的人类极限的探索和挑战,也是社会发展和人类进步的重要标志,是综合国力和社会文明程度的重要体现。如今,科技对促进体育发展的重要性日益凸显——随着计算机技术的飞速发展,以数字化为基础、网络化为条件、智能化为核心的智能体育正在成为热点,通过对体育运动过程中的数据进行采集和分析,帮助运动员科学训练并提高运动水平,协助教练员与管理者进行决策和管理,不仅能满足竞技体育的需要,也在全民健身、运动社交等方面改变并推动着体育的发展。

(一)竞技体育 智能化训练与比赛

现代体育比赛不仅是各国运动员速度与力量的竞技场,也是世界各国展示形象,以及尖端科技与体育融合的大舞台。随着人类对挑战自身的执着追求,各竞技项目的成绩不断逼近人体能力的极限,要想进一步提高比赛成绩,哪怕是提高百分之一甚至千分之一,教练与运动员都要竭尽全力采用各种方式和技术去实现,科技的赋能作用也就越发重要。

2018年俄罗斯世界杯上,数字化表现和跟踪系统(EPTS)被首次全面采用。它的主要功能是将运动的时空信息自动化采集并数据化呈现,从而实现对训练与比赛的数字化阅读。借助摄像机与可穿戴式传感器,EPTS系统能够追踪球员以及足球的运动信息,并通过平板电脑向教练员提供球员的统计数据、位置信息及相应的视频剪辑,帮助教练员进行赛场上的决策。作为EPTS的一部分,Catapult可穿戴传感器也首次在世界杯中被获准使用。这款运动员智能追踪系统的核心部件是一个穿戴在运动员肩胛骨中间的火柴盒大小的卫星定位装置,可以监测运动员的跑动距离、速度、跑动节奏、受冲击负荷、心率等多项数据,并进行深入分析。当前,在全世界职业足球、曲棍球、橄榄球运动队中,这样的设备已成为球队训练的标配。运动员经常会穿着配备这个装置的"黑背心"进行训练,教练员不仅能够在场边实时查看整个球队的表现并进行指导,而且可以了解每个运动员的状态并给予针对性的训练运动量调控,降低伤病的发生概率。

在数字化方面,美国国家男子篮球联赛也是一个成功的范例,每个俱乐部都拥有一支由数据科学、运动科学、医学等不同领域专家组成的运动表现分析团队。数据科学的用途也远不限于简单的事件统计(如投篮、篮板球、助攻等),而是根据教练员的战术需求,将比赛中由智能追踪系统捕捉到的篮球和球员的时空数据进行基于深度学习和数据挖掘的分析,帮助教练员和运动员理解数据背后的比赛模式、受伤风险、对手风格,预测各类战术的成功机会。掌握这些信息之后,教练就能评估不同位置球员对球队的贡献程度,设计训练计划,制定相应战术。在这样的复杂体系中,以 SportVU 为代表的智能化系统发挥着至关重要的作用。SportVU 技术起源于军事用途的多摄像头动态追踪技术,通过球馆天花板上悬挂的 6 个摄像头,系统每秒抓取 25 张图像,对球员的运动进行追踪分析。传统的数据统计方法只对主要结果进行统计,而 SportVU 系统则可以还原整个过程,提供更加细化、量化的数据,这也代表了体育数据科学的一个主要发展方向。

除了团队运动中的多人时空信息分析外,对运动员个人技术动作的数据采集与分析评估技术近年来也得到了长足的发展,这背后的最主要动力是动作捕捉技术的进步。动作捕捉技术是数字化采集三维人体运动的手段,过往由于需要复杂的设备与环境,使用非常不便,其主要应用局限于电影大片制作,在体育中一般仅在科研中使用。随着动作捕捉技术向轻量化、易用性的不断发展,基于动作捕捉技术的运动分析系统也进入了实用阶段。例如,基于可穿戴式设备的高尔夫运动动作分析与辅助训练系统 MySwing,借助穿戴在球员身上的多个微型运动传感器,可以精准捕捉球员的身体及球杆的空间运动数据,并提供分析结果,利用多种不同数据可视化方式,帮助球员和教练更好地观察肉眼难以观察到的技术细节。借助这样的设备,教练对球员的指导就不再"凭感觉、凭经验",主观的经验得以量化形成数据模型,不仅对技术动作的分析更加客观,而且使训练的针对性更强,训练效率更高。

运动员比赛成果的增加不仅来自训练水平的提升,运动装备科技含量的提高也是其中的重要因素，甚至某些时候会对运动带来重大的改变。纵观奥林匹克历史，装备的科技进步对竞技成绩提高起到了重要的推动作用，连续在最近3届奥运会上称霸自行车赛场的英国队就是其中的代表。在这项以1/1000来决定成绩的比赛里，每一丝细微的偏差和改进都能够改变比赛的结果，英国队应用高科技手段将人与车的完美结合做到了极致。基于流体动力学与人机工程分析，每名英国选手的比赛用车都经过了精密调节，使人与车之间的契合程度达到最高。此外，高科技的比赛用服、特制的赛车轮胎等，也都成为英国队的"国家秘密"。为了防止高科技秘密外泄，英国自行车队甚至规定，比赛结束后装备和器械立即上缴，统一收回销毁。

我国的体育科技也正在迈入智能化时代。随着北京2022年冬奥会备战工作的不断深入，许多高科技手段被应用于运动员训练的各个环节，在人工智能、大数据和物联网技术的帮助下，竞技体育的"训练-科技助力-保障"的新模式已经形成，并成为冬季项目补齐短板、实现跨越式发展的关键因素。例如，在我国自主开发的风洞实验辅助训练系统中，借助风洞模拟技术，不仅可以进行实验研究，而且能够开展冰雪项目辅助训练；通过全景VR滑雪模拟器，构建数字化虚拟训练场地环境，为我国高山滑雪和单板滑雪运动员提供不同地形和雪地条件的模拟，运动员在室内就能够以真实的滑雪速度和重力体验完成训练，提高比赛适应能力；多种不同动作捕捉技术被广泛应用于运动员的技术动作采集与分析，为运动员精细打磨技术动作提供有效助力。

在未来，借助大数据和人工智能手段，以数据方式对运动员在技战术、体能、心智、个性等多个维度进行评估，构建可量化的"冠军模型"将成为不仅切实可行，甚至不可或缺的训练与比赛方法，智能科技也将在训练与比赛中对教练与运动员产生越发深远的影响。

（二）观看比赛　数字化赛场与智能观赛

一些国外职业体育赛事中，观众已经可以坐在家中，通过头戴式VR显示设备，"零延时""零距离"地观看比赛。丰富体育转播手段，让广大球迷与体育爱好者能够以互动性更好、更具沉浸感的方式欣赏感兴趣的赛事成为体育产业发展的重要环节。

培养观众的体育热情的一个要点是帮助他们了解项目，使其能够看懂比赛，阅读比赛。为了让不熟悉项目的观众迅速、全面地了解比赛信息，对项目感兴趣的观众看到更多自己感兴趣的内容，视频 AI 技术的应用将成为主流。该技术通过人工智能方法对视频画面进行学习、分析、理解和认知，涉及视频分类、人物识别、语音识别、文字识别等。其主要的应用场景在于突破传统转播下单一的观赛形式，形成个性化观赛模式。当观众通过特定 App 观看比赛时，系统不断学习并获取其兴趣点，通过识别其喜爱的球员及比赛中的关键动作，实时生成比赛集锦，在比赛过程中自动选择最佳观赛机位，在比赛间隙播放其最感兴趣的比赛精彩瞬间。观众也可以随时查看获取比赛不同维度的信息，如运动员详细个人信息、项目规则介绍等。随着视频 AI 技术的不断进步，该应用有着广阔的发展空间。

新型可视化技术、无线通信和新兴互联网技术的结合不断突破距离限制，为观众在家中实现无接触、近距离观赛与互动体验创造了条件。其中，5G 和 VR 技术的应用加速了智能观赛的发展，在一些国外职业体育赛事中，观众已经可以坐在家中，通过头戴式 VR 显示设备，"零延时""零距离"地观看比赛。利用 5G "高速率、低延迟"的网络特点，北京 2022 年冬奥会采用 5G+8K 的直播技术，便于观众随时随地收看高清转播，并可通过移动终端的社交软件将精彩画面实时地与亲友分享。同时，北京冬奥会也实现了 5G+VR 转播，通过 VR 技术带来的 360 度观赛视角，观众可以自由旋转视角观看比赛，实现身临其境的现场感。在 VR 中不仅可以看到完全真实的比赛场景，甚至可以获得超越现实的体验。在观赛过程中，通过对场馆环境及运动目标的识别，针对用户的喜好，还可以叠加多种数字化信息，实现个性化观赛体验，达到更好的观赛效果。

在过去，比赛中时常会由于一次不当判罚而破坏整场比赛，对比赛本身的公平性及观赛体验带来不良影响。针对这个问题，智能科技正在被引入赛场打造"智慧赛场"。早在 2006 年，"鹰眼"系统就被用于网球比赛中，通过不同角度的高速摄像机捕捉网球飞行轨迹，并进行三维重建和落点计算，在出现争议比分时，"鹰眼"系统辅助裁判确定网球的精确落点。类似技术也被引入足球比赛中成为门线技术，通过计算机辅助，判断足球是否越过球门线，从而确定该进球是否有效。该技术 2013 年由国际足联决定正式引入世界杯，成为足球史上高科技被采纳的一个历史性决定。2018 年俄罗斯世界杯足球赛期间，国际足联更首次在比赛中采用了视频助理裁判系统（VAR），当比赛中出现球进门、红牌、红黄牌罚错对象和点球这四种情况时，VAR系统就会提醒场上裁判，通过视频回放与自动识别技术纠正误判、漏判。此外，在以体操为代表的针对技巧与难度打分的项目中，人工智能裁判也正被测试中。由于竞争的激烈，体操运动员之间的动作差异变得越来越细小、微妙，对裁判的能力要求也越来越高，而裁判在长时间工作后保持评分的准确性也更加困难。人工智能体操评分系统通过3D激光传感器测量并建立运动员的三维人体运动模型，就其旋转速度、肢体摆动幅度及跳跃高度做出极为精确的记录，并与数据库资料进行比较，从而判断运动员技术动作是否成功及是否需要加分、减分。据预测，如果人工智能评分技术在体操中测试顺利，还将被运用到花样滑冰、跳水等其他比赛项目中。

（三）大众健身　实现专业化和增强娱乐性

智能化技术正在不同的运动项目中逐渐得以应用，运动技术的评估与训练辅助是人工智能技术在全民健身产业发展中的一个重要应用领域。

人们希望在专业人员的指导下有计划、有步骤地运动，但专业化健身指导信息资源与途径匮乏，大众健身活动中难免存在一定的盲目性、随意性及风险性。在一些运动科学发达、普及程度高的国家，按照"运动处方"科学地进行锻炼，是普遍被接受的事情，但在我国运动处方对绝大多数人来说仍然是一个新概念，运动处方师更是稀缺。针对人民群众对于科学健身的迫切需求与科学指导信息资源不足之间的矛盾，可以预见基于人工智能技术的运动处方管理系统在我国将有着巨大的发展潜力。

智能化的运动处方系统建立在大量的专家知识基础上，以用户的体质测试数据为基础，对用户的运动能力进行充分评估，预测可能的运动风险，结合其锻炼目的制定健身运动处方，并对锻炼过程进行动态监控，对运动处方的有效性进行不断校验，在大数据的基础上，通过机器学习对运动处方进行持续优化。

智能可穿戴式设备的迅速发展为运动处方的制定与有效执行创造了有利条件。当跑动距离、速度、心率、心电、血氧等越来越多的指标得以在智能手环、智能手表等可穿戴式设备中实现的时候，大型专业设备变成了每个人都可以随身携带的健康助手，过去复杂的测试现在不知不觉就得以完成，智能运动处方已经不再遥远。

在达到合适运动量的同时，锻炼者保持良好的运动技术同样重要，这需要结合专业知识。以最常见的跑步为例，跑者的技术动作如果存在问题，不仅会影响跑步的运动表现，更是导致运动损伤的关键因素。对于专业的研究人员来说，跑步过程中的技术动作可以用脚落地模式、地面接触时间、竖向摆动及膝关节屈伸角度等专业数据指标来描述，过往这些都需要在实验室环境下才能进行精确地分析，而现在已经出现面向普通消费者的智能产品。通过自动化手段帮助跑者诊断跑步中的技术问题并基于数据来指导其改进，从而使普通人也能接受到专业的运动技术辅导。类似的智能化技术正在不同的运动项目中逐渐得以应用，运动技术的评估与训练辅助是人工智能技术在全民健身产业发展中的一个重要应用领域。

为了帮助锻炼者按照计划坚持进行运动，增强锻炼过程中的娱乐性也成为重点。不同形式的互动与社交方式通过智能设备被引进锻炼：基于智能可穿戴设备的锻炼记录、打卡排名已经非常普及；通过智能互动屏幕，锻炼者与虚拟数字教练进行互动，或者通过摄像头与麦克风在锻炼过程中与其他人进行社交的产品受到追捧；更加具有突破性的新技术也将很快从实验室走向大众，在户外锻炼时通过AR眼镜进行娱乐与社交的"黑科技"已经不再遥远。在智能科技的助力下，大众健身将变得更加科学、有效，也更加富有趣味性。

资料来源：

刘昊扬，崔一雄，陶宽. 体育中的"黑科技" [N]. 光明日报，2020-10-29 (16).

[知识点回溯]

当代体育的发展，高科技已被广泛应用于运动训练，提高了训练的科学化水平，世界大赛上各国选手运动技术水平在迅速提高，比赛成绩在不断刷新，各国运动员在世界大赛上的竞争除了比体力、比意志外，隐藏更深刻的竞争却是在进行科技的较量，生物科学、材料科学、信息科学所展示的魅力已经成为当前世界各国最为重视提高本国竞技体育发

展水平的重要基石。

——《新编体育管理学教程》第二版，作者刘兵，P351

[思考题]

1. 结合案例，简要叙述科技在体育领域中的具体应用。
2. 搜索相关资料，谈谈知识经济在体育管理中的重要性。

二、案例点评

体育中的各种"黑科技"体现了知识经济在体育领域的具体运用。在本案例中，主要列举了智能体育在竞技体育、数字化赛场与智能观赛、大众健身三方面的具体应用。

在竞技体育方面，由于人类竞技水平已逐渐逼近人类极限，此时比赛成绩的提高绝非易事，单纯靠人类的不断训练已经行不通，必须依靠科技的力量。文中列举了俄罗斯世界杯中出现的数字化表现和跟踪系统EPTS，通过运动员佩戴的传感器向教练员手中的平板电脑实时传输数据，便于教练员更加客观地了解运动状况，动态调控运动量，提高训练效率和确保安全性。竞技体育领域的智能科技大多是通过知识信息的收集、处理、反馈，辅助提升训练效率，有助于突破组织内部的体育人员知识应用方面的瓶颈，鼓励教练员、运动员和其他工作人员在体育组织内部发挥个人潜能。出于需求考虑，此种新型知识经济随着时间推移将不断发展。

在数字化赛场和智能观赛方面，赛场上利用人工智能系统捕捉赛场精确信息，通过视频回放和数据分析客观地对赛事做出判罚，能大幅提高裁判的正确率；智能观赛利用VR虚拟技术和高速率、低延迟的5G网络，打造高清立体的沉浸式观赛体验，观赛效果显著提升。

在大众健身方面，智能体育主要表现为运动技术的评估与训练，通过采集运动人体的一系列指标，制定运动处方，只为达到科学有效的健身效果，即便是运动技术指导，也可在实验室中进行数据采集和技术改进。除此以外，为了锻炼的娱乐性，智能设备还新增了社交互动功能，给运动爱好者们提供了体育知识交流平台，便于将各自的知识经验分享到网络中，进行知识共享。

当代体育的发展已经离不开科技的支持，对知识的利用水平已经成为主宰体育发展的关键要素，智能技术在体育各领域的广泛运用印证了知识经济的发展。即便智能科技给予竞赛、训练、日常锻炼等众多便利，各部门仍不可忽视对科技运用的监督管理，确保知识经济得到科学合理的转化。

三、资源链接

［1］彼得·德鲁克．知识社会［M］．赵巍，译．北京：机械工业出版社，2021．

［2］彼得·圣吉．第五项修炼：学习型组织的艺术和实践［M］．张成林，译．北京：中信出版社，2009．

［3］刘昕彤．从普通步道到智慧跑道——科技赋能提升健身体验感［N］．中国体育报，2024-01-25（7）．

［4］周萌．科技赋能　潜力无限［N］．中国体育报，2023-12-06（2）．

［5］杨明．我国体育用品制造企业软实力构成要素研究［J］．中国体育科技，2016，52（5）：3-10，33．

［6］冯敏，马海兵，宋彩萍．文化维度理论与文化智力理论——跨文化管理的"双股剑"［J］．上海对外经贸大学学报，2015，22（2）：49-57．

［7］曹锐成．体育文化在社区管理中的功能研究［J］．体育文化导刊，2014（9）：13-16．

［8］王宇．体育管理的文化角度探析［J］．科教导刊（中刊），2012，（14）：198-199．

［9］欧绍华，刘志刚．企业文化管理与制度管理的互动耦合关系——基于和谐管理理论［J］．中国流通经济，2012，26（10）：78-83．

［10］张岩，刘建．知识经济对高校体育观念的影响［J］．教育理论与实践，2005（8）：15-170．